JN245580

アメリカ 危機の省察

America: Reflections on the Crisis

本田浩邦〈著〉
Honda Hirokuni

大月書店

はしがき

第一次世界大戦終結の翌1919年1月、ドイツの社会学者マックス・ウェーバーは、バイエルン自由学生同盟の集会で「職業としての政治」と題した講演をおこなった。そこで彼は、『敗戦の責任者』探しをするのではなく、負けを受け容れ、将来のために話し合うことが大事だ」と述べ、国粋主義者たちのデマに惑わされてはならないと学生たちに訴えた。[*1] 前年11月のキール軍港の反乱から始まったドイツ革命が翌年1月に鎮圧され、カール・リープクネヒトやローザ・ルクセンブルクが殺害された直後の政治的緊張の最中のことであった。

彼が「国粋主義者たちのデマ」と述べたのは、当時ドイツで、大戦に敗れたのは、社会主義者やユダヤ人の裏切りのせいだという「背後の一突き（匕首(あいくち)伝説）」(Dolchstoßlegende)や「戦場では負けてなかった」(Im Felde unbesiegt)といったデマが拡散され、これが、社会主義者、ユダヤ人に対する暴力を容認し、連合国側と賠償交渉する政府を弱腰だと批判する風潮を生んでいたからであった。その後、そうしたデマはついにワイマール共和国を突き崩し、ナチスの台頭に導いた。1933年のヒトラー

＊1　マックス・ウェーバー『職業としての政治／職業としての学問』中山元訳、日経BP社、2009年、122―123ページ。

の首相就任に際して、ドイツ国民はこれでようやく15年来の恨みを晴らすことができると喝采したのであった。

2020年アメリカ大統領選挙の直後、ドイツのあるジャーナリストは、「民主党によって選挙は盗まれた」というトランプらのスローガンがナチスの台頭を準備した第一次大戦後のデマと驚くほど似ていると指摘した。そのジャーナリストは、ファシズムはいったん成立すると取り返しがつかなくなると警告したのである。[*2]

■

前回2020年のアメリカ大統領選挙から、この「盗まれた」「トランプは負けていなかった」というスローガンは、確実にアメリカ国民のなかに根を下ろし、トランプ支持は広がった。「盗まれた」という表現について、カリフォルニア大学バークレー校の社会学者アーリー・ホックシールドは、その言葉に込められた意味を次のように説明した。

「郊外の小さな町に住むブルーカラー、大体は白人男性で、彼らは1970年代からグローバリゼーションの負け組であった。加えて、ヘテロセクシュアルな男性であるという誇りも、ジェンダー、性的多様性、人種平等に押しのけられ、攻撃にさらされている。これが『盗むな』(Stop the Steel!)というディープストーリーに結びつく。彼らはそのストーリーをつうじて現実を解釈しているのだ」[*3]

さらにホックシールドはいう。「右派からみれば、ファシズムに向かいつつあるのは左派のほうである。左派こそ自由を脅かしていると彼らは感じている。ポリティカル・コレクトネスは思想統制にみえる」

つまり彼らは選挙だけでなく、自分たちの尊厳をもマイノリティとリベラル派に盗まれたと信じている。スローガンに込められたルサンチマン（怨念）は、アメリカ社会の底流に存在しつづけ、アメリカの思潮となった。トランプが政治の場を去ってもトランプ的なものはそこにとどまりつづける。

■

2024年の大統領選挙はトランプ圧勝といわれた。しかし詳しくみると結果は複雑である。獲得選挙人の差では85と大きな開きがあるが、接戦州での一般投票の差は、ウィスコンシン（選挙人数10人）は0・9％、ミシガン（同15人）1・4％、ペンシルバニア（19人）1・6％、ジョージア（16人）2％にすぎず、これら諸州での投票がコンマ数％ハリスに傾いていたなら、ハリス勝利の可能性は十分にあった。

ハーバード大学の政治学者ジョン・ヴォルピは、「ハリス氏のキャンペーンは……十分に勝てるたたかいだった。ごくわずかが動いただけで結果は変わっていたであろう。……若い有権者の離反は、単なる戦術的な失敗ではない。ガザの人道的危機について、若い層が道徳的懸念を表明した際、ハリ

＊2　Bittner, Jochen (2020) “1918 Germany Has a Warning for America”, *The New York Times*, Nov. 30.
＊3　Edsall, Thomas (2022) “Seven Years of Trump Has the Right Wing Taking the Long View”, *The New York Times*, Sept. 28.

スらはそれに答えなかった。私はこの問題が民主党支持率を低下させる要因となったと考えている」としている。[*4]

民主党のミスは、ガザとウクライナの2つの戦争を終結する有効な手立てを打たなかったことと、さらには多年にわたるグローバリゼーションと新自由主義の弊害である、産業空洞化と輸入依存による雇用不安の声に応えなかったことである。手足を失い、両親をも失った子らが泣き叫び、避難場所や病院が空爆されるガザの映像がSNSで流れ、そのための武器を供給する政権の態度をみた若い世代が民主党を見限ったことは当然である。民主党がトランプと比べて本当に「より小さい悪」であるかどうか判断つきかねる状況が確かにあった。しかしトランプ新政権が戦争政策を転換し、雇用不安に応えることができるかといえば、その可能性は絶望的に低い。

■

本書の主題は、副題にあるように、現在のアメリカの危機がいかなるものであるかを論じることである。その危機は、政治、経済のみならず文化、外交に及ぶ。端的にいうと、アメリカは政治も経済も文化も多臓器不全といえる閉塞状況にあって、なお権力構造と人種差別意識に阻まれて政治が有効に機能しないことにつきる。システムが別のものに取って代わるというよりも、そのままの構図で腐蝕し衰退する、つまり資本主義のシステム障害、自己組織化の壁にぶち当たっている状態、これが現在の危機である。さらに、それが世界システム全体の脆弱(ぜいじゃく)な転換点で起きていることによってそのインパクトはきわめて大きなものとなる。

各章は、この数年間に著者が書きためてきたものであるが、体系的というわけではない。論ずるべくして、論じえなかったことも多い。学生や一般読者向けにわかりやすく書いたつもりであるが、全体をつうじた主張がさほど不明瞭でないことを願いたい。

主な内容は次のとおりである。

「第1章　政治」は、第二期トランプ政権を生み出したアメリカ政治の諸問題について論じている。

「第2章　宗教と人種問題」は、現在のアメリカの宗教や人種問題を中心に、アメリカの社会状況を分析している。

「第3章　経済①――歴史的パースペクティブ」は、19世紀から20世紀への経済発展を概観し、経済学がどのようにその時代をとらえたか、そこからどのような理論的教訓が得られるかを考察したものである。

「第4章　経済②――マクロ政策および処方箋」は、この数十年間のマクロ経済の展開を扱っており、直近のインフレについても検討している。

「第5章　軍事――『リベラルな介入主義』」は、アメリカの対外介入主義の問題を考える糸口を探ったものである。国際政治学者ジョン・ミアシャイマーの視点を参考に「リベラルな国際秩序」とよばれるものの本質について論じた。

＊4　Volpe, John Della (2024) "Democrats Could Have Won. Our Excuses Mask a Devastating Reality", *The New York Times*, Nov. 11

■

本書をまとめるにあたって多くの方々にお世話になった。ダイヤモンド編集部の西井泰之氏には、「ダイヤモンド・オンライン」への貴重な執筆の機会を与えていただいたのみならず、毎回の原稿をつぶさに点検いただき適切なアドバイスをいただいた。

大月書店編集部の森幸子氏は、厳しい出版事情のなかで、本書の企画を実現してくださった。また原稿に有益なコメントをくださった。

「アメリカ経済研究会」、「現代経済研究会」、「アメリカ経済史学会」、「基礎経済科学研究所」、「日本国際経済学会」のみなさんからは研究発表の機会と貴重なご意見をいただいた。

みなさんにこの場をお借りして深くお礼を申し上げたい。

亡くなられた一橋大学の石倉雅男先生から貴重なご意見と励ましをいただいたことは本書の執筆のなによりの支えとなった。先生に感謝するとともに、ご遺志を継いで今後とも研究をつづけることをお約束したい。

最後に、いつも最初の原稿に目を通して赤を入れてくれた妻・絹に本書を捧げる。

2025年1月31日

著　者

アメリカ　危機の省察——目　次

はしがき　3

プロローグ――権威主義的ナショナリズムと危機の時代……13

第1章　政　治……19

1　民主主義の崩壊から権威主義へ　19
2　保守主義の政治学――システム二元論　27
3　「パラノイア政治」の伝統　40
4　「長い南部戦略」――戦後アメリカ政治の軌跡　50

第2章　宗教・人種問題……63

1　「キリスト教ナショナリズム」とはなにか　63
2　アメリカの教育現場でなにが起きているか――「批判的人種理論」をめぐって　75
3　人種問題――イザベル・ウィルカーソン『カースト』を読む　83
コラム1／権威主義システムのディストピア――アトウッドとエル＝アッカドを読む　93

第3章 経 済 ①——歴史的パースペクティブ …… 99
1 19世紀の経済停滞と経済学 100
2 20世紀の経済成長とその終焉 120
3 21世紀の経済社会——新しい社会主義 136
4 イノベーションは未来を切り開くか 156

第4章 経 済 ②——マクロ政策および処方箋 …… 167
1 1990年代以降のマクロ経済政策 167
2 「カンティロン効果」とバブルの歴史的教訓 182
3 コロナ危機下のインフレーション論争 187
4 サプライチェーンと経済力集中 207
5 グローバリゼーションの「メネシス」——失業と移民問題 215
6 21世紀のトランスフォーメーション 225
コラム2／テクノロジー官僚制のディストピア
——カート・ヴォネガット『プレイヤー・ピアノ』を読む 229

第5章　軍　事――「リベラルな介入主義」 237

1　アメリカ介入主義の論理　237

2　アメリカ介入主義の現段階　248

コラム3／ヘンリー・キッシンジャーの死　258

エピローグ――シュテファン・ツヴァイクの死から考える 275

初出一覧　283

プロローグ——権威主義的ナショナリズムと危機の時代

トランプ型政治システムをなんとよぶか

「ニューヨーク・タイムズ」のコラムニスト、ミシェル・ゴールドバーグは、トランプらの運動を「ＭＡＧＡファシズム」とよんだ。[*1] ＭＡＧＡとは、彼らのスローガン、「アメリカを再び偉大な国に(Make America Great Again)」の略である。いいネーミングであるが、ファシズムというと、時代背景が大きく異なる１９３０年代の特殊な政治体制との対比で現在を推し量ることになり、内容よりも概念的な議論になりがちのように思えるので、私は、さしあたりこのトランプ型の政治システムを、非民主的な自国本位のシステムという意味で、「権威主義的ナショナリズム」と一般的によんでおきたい。もっと時間がたって、その思想と運動の特徴が明らかになれば、症状に病名をつけるようにその性格を的確に反映した呼称をだれかが思いつくだろう。

ではこの権威主義的ナショナリズムとはなにか。私なりにいえば次のようになる。

＊1　Goldberg, Michelle (2024) “What I Truly Expect if an Unconstrained Trump Retakes Power”, *The New York Times*, Nov. 1.

それは1930年代のファシズムのように領土の侵略的拡大をめざすものではない——トランプは再選後、グリーンランドとパナマ運河の領有、さらにカナダの編入に言及したが、現実性は乏しい。また大規模な財政政策による軍需生産で大企業の利益を擁護しようとするものでもない——こちらはすでにおこなわれている。

それは、むしろ行政権限を最大限に拡張し、それを土台にアメリカの社会体制、さらには国際機関のリベラルな諸要素を根こそぎにしようとする思想と運動である。その中心には白人至上主義の信念に基づき社会統合を推進し、アメリカ・グローバル企業による国内および世界での規制のない、より自由な活動と市場支配をめざそうとする衝動がある。

1980年代のロナルド・レーガンに代表される「新自由主義」が、ニューディール型の社会保障制度や公民権体制に対する「反革命」であったのに対して、この「権威主義革命」は人権、代表制民主主義、三権分立など、17世紀以来の啓蒙的なリベラリズムの伝統に対する総攻撃である。

この新しい権威主義的ナショナリズムのイデオロギーは、新自由主義、リバタリアニズム(自由至上主義)、キリスト教ナショナリズムなど、没理性的な要素の混合であり、体系的なものではない。その政策は場当たり的な処方箋の寄せ集めにすぎない。第二次世界大戦後のケインズ主義、1980年代以降の新自由主義に相当するような指導的な政策原理があるわけでもない。しかし逆にその無定形さが多義的な解釈を許し、支持を集める理由ともなっている。*2

2016年の大統領選でトランプ陣営の選挙対策本部長を担当し、第一期トランプ政権で首席戦略官を務めたスティーブ・バノンは、MAGA運動について、「(上院で)100議席を取って、100年間支配する。全国政党としての民主党をたたき壊す」と豪語した。[*3] 彼らは、100年支配するイデオロギーと政治体制を構想している。ヨーロッパ諸国の右派勢力の台頭と合わせてみれば、トランプの2期目はアメリカのみならず、世界史の経路をも左右する変動の出発点となる可能性がある。少なくとも、トランプが任期を終えたのちも、その流れはつづくであろう。

危機からの「大転換」の時代

アメリカは戦後数十年にわたり経済的繁栄の道を切り開いた。だが1970年代初頭における長期停滞への移行とともに、それ以前の高い経済成長の時代は終わった。1980年代に台頭した新自由主義とグローバリズムは、対外的には、経済的な互恵関係を部分的につくりつつも、自由化を強要

＊2 トランプ第二期政権において現時点で予想される政策を挙げると、次のような長いリストができる。イスラエルへの支援強化、対イラン強硬姿勢／ウクライナ紛争でのロシアへの加担／国際機関への関与縮小、国際条約からの脱退／大量の移民の送還／中絶の権利の侵害／性的マイノリティへの攻撃／富裕層・大企業減税の推進、経済格差の拡大／オバマケアへの攻撃／対中関税強化、自国本位の貿易統制／学校教育での人種教育の否定、キリスト教教義の浸透／政府・行政機関、司法へのトランプ支持者の任命・採用／政敵に対する政治的攻撃、訴追／トランプに対する4つの刑事裁判――不倫口止め料の不正会計処理、連邦議会襲撃事件への関与、大統領時代の機密文書持ち出し、20年大統領選をめぐるジョージア州への干渉――の審理延期もしくは停止／議会占拠事件などで有罪となったトランプ支持者らへの恩赦／気候変動対策の放棄／イーロン・マスクら超富裕層による政府支配／ロバート・ケネディ・ジュニアによる陰謀論に基づく医療制度改革。

＊3 Pengelly, Martin (2024) "New Book Details Steve Bannon's 'Maga Movement' Plan to Rule for 100 Years", *The Gardian*, Apr. 4.

された諸外国の自生的な産業や農業を破壊し、とくに中南米からはアメリカへの移民流出を加速化させた。ひるがえって、それらはアメリカ自身の国内雇用を破壊し、輸入依存を慢性化させるという深刻なバックラッシュをともなった。他方で、冷戦終結後の湾岸戦争、イラク・アフガニスタン戦争、そして現在のウクライナとガザの戦争を通して、アメリカの国際的な介入主義は、中東のほぼ全域で紛争を激化させ、中国、ロシアとの軋轢を強めている。われわれの眼前にある時代状況とはこのようなものである。

ドナルド・トランプは、こうしたなかでアメリカのグローバリゼーションと介入主義、戦争政策を全面的に覆すと宣言して再選を果たした。しかし、彼が国民目線の内政に舵をきり、ペンタゴンや国務省、軍産複合体とたたかう決意があるようにはみえない。

民主党はといえば、従来、自分たちもその推進に努めた新自由主義とグローバリゼーション、軍事的介入主義の惨憺たる結果に直面し、なすすべもなく立ちすくんでいる。リベラル派、左派の多くもそうである。ドイツの社会学者ヴォルフガング・シュトレークが述べたように、「秩序解体というのは資本主義に引き起こされているだけではなく、その対立物にも引き起こされているように思われる。つまり、そこでは資本主義を救済する能力だけでなく、打倒する能力さえも失われているのだ[*4]」。危機の本質とはまさにこの点にある。あたかも共和制ローマの末期に政治体制が危機に瀕した状態にあるにもかかわらず、それに取って代わるシステムがみいだせず停滞し、政治腐敗が蔓延したキケロの時代を思わせる。

1940年代、資本主義は大がかりな所得再分配、社会政策、政府の介入主義をシステムに組み込むことによって、すなわちカール・ポラニーの言葉でいえば「大転換」(グレート・トランスフォーメーション)を遂げて、国民動員を勝ち取りファシズムの脅威を生き延びた。現在もまた1940年代に匹敵する、もしくはそれを上回る規模と内容のラディカルな自己変革なしには新しい権威主義に立ち向かい未来を切り開くことはできない。

新しい時代には、新しいアイデアと運動が必要である。では、現在の状況にふさわしい経済社会の改革とはどのようなものか。21世紀のトランスフォーメーションについては第4章で述べる。

＊4　ヴォルフガング・シュトレーク『資本主義はどう終わるのか』村澤真保呂・信友建志訳、河出書房新社、2017年、84ページ。

第1章　政　治

1　民主主義の崩壊から権威主義へ

「第二のアメリカ革命」――「行政国家をぶち壊す」

「ヘリテージ財団」という保守系の有力シンクタンクがある。同財団は、1973年にメロン財閥系のスケイフ・ファミリー財団とビールで有名なクアーズの経営者のジョゼフ・クアーズの出資により設立された。ヘリテージ財団は、1980年代のレーガン政権のころから活発に活動しはじめ、連邦、州、地方の政治に影響を及ぼしはじめた。[*1]

現在の代表であるケビン・ロバーツは2024年7月上旬、右派系ケーブルチャンネル「Real America's Voice」で、「われわれは第二のアメリカ革命の最中にある」と述べ、それが「無血革命となるかどうかは、左派が手出しするかしないか次第である」と語った。[*2]

彼らは、なにをめざしているのだろうか。彼らが発表した「プロジェクト2025」は第二期トランプ政権の青写真といわれる。それはどのようなものであろうか。

そこには、「ポルノグラフィーの違法化」や「商務省・教育省の廃止」「司法省の独立の否定」「環境保護政策の否定」「中絶反対」「移民取り締まりのための軍隊の動員」、さらには、「性的指向」「ジェンダー平等」「DEI（多様性・公正・包摂）」「リプロダクティブ・ヘルス／ライツ」といった用語を、連邦のあらゆる規制や契約、法律の条文から排除するなどの項目が並んでいる。

つまり行政機構から教育、文化まで広範な領域に及ぶ政策転換で、その内実は保守派が従来主張してきた政策の最大限を示している。

トランプは、「プロジェクト2025」との関わりを公式には否定している。しかし、この政策提言の策定には、第一期のトランプ政権で財政アドバイザーだったラッセル・ヴォートや共和党全国委員会政策担当のジョン・マッケンティーらが加わっており、ヴォートは、2期目にも政権へ参加している。

トランプは、今回の大統領選では無党派層などを意識して、人口妊娠中絶の問題は州レベルの判断に委ねるなどとして、この政策の一部を否定してみせたが、彼は大統領の時代に、中絶をおこなうクリニックに対する補助を打ち切ってきた。語るに落ちるというべきだろう。

トランプらはあわせて、行政機構の人事体制の抜本的な見直しをも視野に入れている。大統領が任命できる連邦の役職約4000人、公務員5万人を対象に任命権を最大限に利用し、自らのスタッフや忠誠者で行政機関を埋めようとしているのだ。

トランプの側近スティーブ・バノンは、「プロジェクト2025」を掲げつつ、「これで行政国家のレンガを一つずつ取り崩す」と息巻いた。*[3]

超法規的な「皇帝大統領」

行政だけでなく司法に対しても大統領の権限を強めようとする動きがある。

2024年7月1日に　連邦最高裁判所が、大統領の「公的な行為」について刑事責任が免責されるとの判断を示した。この判断のもとで、2016年1月6日議会襲撃事件という「クーデター未遂」への関与が事実上、不問に付された。

連邦最高裁の少数派ソニア・ソトマイヨール判事はこの判断に際して反対意見を述べ、「大統領と彼が仕える人々との関係は、取り返しのつかないほど変化した。公式権限の行使において、大統領はもはや法律の上の王である」と指摘し、「憲法は大統領の刑事訴追を明確に想定しており、大統領は議会によって弾劾されるし、法に基づき起訴、裁判、判決および処罰を受ける責任を負うべきだと規定している。にもかかわらず、こうした判断がなされたというのは奇妙というほかない」と付け加えた。

ハーバード大学ロースクールのノア・フェルドマン教授は、この最高裁による免責の判断を「皇帝大統領(Imperial President)」という、あらゆる大統領の行為を合憲化するような大胆な判決だと述べ、「建国の父たちは、最高権力者が権力を持ちすぎると、共和制が帝政に変わってしまうことを恐れて

＊1　ジェイン・メイヤー『ダーク・マネー――巧妙に洗脳される米国人』伏見威蕃訳、東洋経済新報社、2017年、116―117ページ。

＊2　Levien, Simon J. (2024) "What is Project 2025 and Why is Trump Disavowing It?", *The New York Times*, Jul. 11.

＊3　前掲＊2：Levien (2024).

いた。かれらがこれを聞いたら驚愕するであろう。……これは驚くべきことであり、悲劇的なことだ」と付け加えた。[*4]

また、最高裁判事の人事について、すでに現在、連邦最高裁の判事9人のうち、保守派は6人であり、事実上、司法はトランプが押さえているとみてよい。リベラル派のソトマイヨール判事は70歳で、糖尿病を患っている。トランプ政権2期目のあいだに彼女が退任した場合、最高裁のリベラル派の割合はさらに少なくなる可能性がある。

アメリカの憲法は、立法、行政、司法の制度的なあり方を規定しており、その後付け加えられた修正条項によって補完されている（修正条項は現在27条あり、1791年にできた修正第1条から第10条までは信教や表現の自由、財産権、裁判を受ける権利などを定めたものであり、「権利の章典」とよび習わされた。それに、さらにその後、「奴隷制の廃止」〔1865年〕、「女性の参政権」〔1920年〕、「大統領3選の禁止」〔1951年〕などの修正条項が加えられた）。アメリカ憲法は、さまざまな制約が指摘されるが、全体としては、国家機構の民主的な構成と権限、三権のチェック・アンド・バランスの仕組みを明記し、国民の諸権利を表現するという近代的なものである。

だが、トランプ再選で権威主義体制が復活・強化されることになれば、こうした三権分立による憲法体制は灰燼に帰す可能性がある。

トランプは三権を掌握するか？

いま、国民のあいだで分断が深刻化し、対立する党や支持者の主張や価値観を認めようとしない風潮が蔓延しつつある。さらに、「皇帝大統領」をめざし、独裁者のように振る舞うトランプに大衆が熱狂している。アメリカの民主主義は終焉の淵で喘いでいるかのようだ。

　南北戦争でさえ、それは南部諸州の独立と奴隷制のあり方が争われたにすぎず、アメリカの憲法体制そのものの破壊が企てられたわけではなかった。しかし現在の動きはそれともちがう。いわば、アメリカの政治体制、憲法体制そのものの危機だ。

　ジョージメイソン大学のジャック・ゴールドストーン教授（公共政策論）は、ジャーナリストのトマス・エドソールの質問に答えて、現時点でのアメリカの危機について次のように述べている。

「ほとんどの人々には理解されていないが、アメリカの民主主義はすでに危機的なまでに毀損されている。民主主義から独裁制への移行は、最初は緩やかであるが、その後は急加速する」

　ゴールドストーン教授は、民主主義を突き崩す要因として、「制度への信頼の喪失」「賃金の停滞」「経済的不平等」「移民に対する反感」といった要素を挙げている。

　そしてさらに彼は、次のように付け加える。

＊4　Feldman, Noah (2024) "Emperor Trump? Supreme Court Just Expanded the Imperial Presidency", *Bloomberg*, Jul. 2.

「権威主義に完全に移行するには、権威主義的支配を求める一人の大統領がいれば足りる。トランプは明らかにそうした人物である。シンクタンクは保守派、企業、およびキリスト教が主導するアメリカを再構築するために、大統領が絶対的権力を行使すべきプランを練ってきた。トランプの再選は、われわれが民主主義とみなしてきたものをほぼ確実に終わらせるだろう」[*5]

トランプは、行政権限を固めれば、あとは立法府を固めようとするだろう。大統領が、行政行為無答責で、なにをやっても有罪にならないとすれば、投票妨害、ゲリマンダー（恣意的な選挙区の改変）、さらには議員や候補者、あるいはその家族に対する脅迫や嫌がらせなどの破廉恥(はれんち)な手段に訴えてでも、議会で3分の2を取りにいくだろう。そうすれば、憲法の修正を発議し、3選への道を切り開くこともできる。

こうして考えると、立法、行政、司法の三権が事実上トランプ個人の手に集中することがまったく絵空事でないことがわかる。もしもこれらが実現すれば、事実上、アメリカの政治制度はその根幹が揺らぎ、権威主義体制が成立する。さらに、これに軍事的動員の要素が加われば、ファシズム体制ができあがる。

白人保守層の経済的窮状

イギリスの社会学者ポール・メイソンが、ファシズムの特徴を概観し、次のように記しているのは、以上のようなストーリーのシーケンスをうまく説明している。

「ファシズムは、資本主義が深刻かつ長期の経済危機に突入したとき、そしてまた、通常は受動的に再生産されるイデオロギーでは世界を説明できないと多くの人々が感じたときに始まる社会的崩壊過程の産物だ。ファシズムへの転換は、従属的と思われていた集団が急に力とそれを表現する代理人を得、実際に自由を体現しあるべき姿を示すために反乱を起こしはじめることが引き金となる[*6]」

１９７０年代初頭以降、あるいは２００７—08年の金融危機以降、白人保守層の経済的窮状は深刻なものとなった。彼らのキリスト教的伝統的価値観への固執は、人種的、性的多様性を許容できず、彼らはますます自分たちを、包囲され攻撃された少数派に転落しつつあるとみなすようになった。そして彼らを文化的落伍(らくご)者とみなし疎外するリベラルなイデオロギーに対して反発し、正面突破をしかけるほかなかった。少なくとも状況は彼らにはそのように映ったのだ。

　そしてその力は、福音派やキリスト教ナショナリストを中心とする保守運動の大きな流れとなり、彼らの政治の舞台への浸透につながった。

　前述したヘリテージ財団も１９７０年代にキリスト教保守派の活動家らがつくった組織に企業の

＊5　Edsall, Thomas (2024) "Trump 2025 is Coming into View", *The New York Times*, Jul. 10.
＊6　Mason, Paul (2022) *How to Stop Fascism: History and Ideology and Resistance*, Allen Lane, p.190.

「ダーク・マネー」が流れ込んでできた団体である。こうしたキリスト教右派と企業とが一体となった営々たる運動の頂点がトランプだといえる。

彼らにとっては、現在進行中の権力掌握過程は、後戻りできない流れであり、宗教的信条と経済的・社会的ステータスを守るための死にものぐるいのたたかいなのである。

リベラル派はこうした流れを遮ることも、別の方向性を与えることもできずに今日まできてしまった。ここにアメリカの危機の本質があるように思える。

2　保守主義の政治学――システム二元論

「国民は一つの共同体として想像される。なぜなら、国民のなかにたとえ現実には不平等と搾取があるにせよ、国民は、常に、水平的な深い同志愛として心に思い描かれるからである。そして結局のところ、この同胞愛の故に、過去二世紀にわたり、数千、数百万の人々が、かくも限られた想像力の産物のために、殺し合い、あるいはむしろみずからすすんで死んでいったのである」（ベネディクト・アンダーソン『想像の共同体』１９８３年）[*7]

アメリカの保守派の政治学には、ある共通した政治システムについての認識がある。それはつまり建国時の合衆国憲法の精神が１９６０年代の公民権法体制に押しつぶされたという理解である。トランプの政治を考えるうえでこの問題は重要なカギとなる。この点について考えてみよう。

2つの政治体制――合衆国憲法と公民権法

保守派の論者でコラムニストのクリストファー・コールドウェルは、現在のアメリカの政治状況を

＊7　ベネディクト・アンダーソン『想像の共同体――ナショナリズムの起源と流行』白石隆・白石さや訳、書籍工房早山、２００７年、26ページ。

次のように説明する。

「公民権を中核とする１９６０年代の変革は、憲法に新たな要素を付け加えただけではなかった。それは対立的憲法であり、元の憲法とはしばしば相いれない。両者の非和解性は公民権法体制が整うにつれてますます激しくなった。『両極化』や『非寛容性』といわれるものが近年ますます甚だしくなりつつある。そこには、２つの憲法のどちらが主流となるべきかについての意見の相違がある[*8]」

つまりアメリカには２つの異なる政治体制がある。一つは１７８７年に制定された合衆国憲法の体系であり、もう一つは20世紀半ばに確立する公民権法の体系だ。後者は前者にみられた古い「自由」を押しつぶし、アイデンティティに基づく新しい「自由」に置き換えた。これら２つの体系は相いれないものだという。

公民権体制は、人種差別に反発する黒人やそれを支持する学生などの抗議運動が頻発したことへの一時的な危機対応だったが、それが恒常的なものとなってしまったと彼はいう。人々は人種差別をめぐって監視を強め、法律家は訴訟を乱発し、官僚は際限ない行政措置を積み重ねはじめた。古い「自由」はいまや窒息死寸前だと主張する。

「１７８７年の〈法律上の憲法〉には伝統的な法的正統性と何世紀にもわたるアメリカ文化があま

ねく染み込んでいる。1964年の〈事実上の憲法〉は、そのような伝統的な正統性には欠けるが、司法エリートや市民教育者のほぼ一致した支持と、解放としてこの憲法を受け止めた人々からの熱烈な忠誠心を集めている。どちらを優先すべきかで意見が分かれている。市民は、この2つの秩序のどちらを選択するかをせまられている」[*9]

これはつまり、コールドウェルは、いまのアメリカ社会の問題を黒人やマイノリティの権利擁護に傾いた政府の責任とし、2つの制度を二項対立でとらえ、そのどちらを選択するかをせまっている。彼は、法律上の憲法のもとでのアメリカ社会、これこそ取り戻すべき原風景だと考えるのである。

トランプ出現の政治的文脈

「トランプ出現」の文脈について、コールドウェルは次のようにいう。1980年代のロナルド・レーガン大統領の登場は、「本来の多数派」が1960年代の公民権革命に対して反旗をひるがえした瞬間だった。しかしレーガンは政府の規模を縮小できず、債務を拡大してしまった。富は一部の富裕層に流れ込み、白人中間層は政治的・経済的地位の低下に苦しんだ。

＊8　Caldwell, Christopher (2020) *The Age of Entitlement: America since the Sixties*, Simon & Schuster, pp. 5-6
＊9　前掲8：Caldwell (2020), p. 6.

２０１６年のトランプの大統領選挙での勝利は、レーガンが失敗した地点から再び白人大多数のアジェンダを推し進めようとした「努力」の成果であり、したがって人種や移民問題が争点になるのは必然的だったという。

保守系のクレアモント研究所のオンライン・ジャーナル「American Reformer」の若い評論家、マイク・サボーは、アメリカの憲法体制はリンカーン、セオドア・ルーズベルト、ウッドロー・ウィルソン、フランクリン・ルーズベルト、ケネディ、ジョンソンの時代をつうじて死に絶えたと嘆いている。彼もまた、アメリカの社会的衰退や白人層の地盤沈下を嘆いているが、その淵源は公民権法よりはるか以前の19世紀半ばのリンカーンにまでにさかのぼる。そしてその全体を公民権法体制ととらえている。憲法と公民権法は水と油で、その平行線が交わることはありえない、リベラル派の社会的正義がアメリカ建国以来の自由や社会的規範を押しのけたと彼は考える。

こうした主張は、かつての地域コミュニティや教会を中心としたつながりや仲間意識が薄れる一方で、移民の流入増で街の様相が変わったり、仕事が奪われたりしたと感じている、いまの白人保守層には受け入れやすい考え方といえる。しかしそこにはアメリカがまさに建国以来抱え込んでいた人種問題の解決の必要性という視点は希薄だ。憲法体制のもとでの政治と経済から、少数者はつねに排除され底辺に追いやられてきた。そうした歴史は彼らのストーリーから消え失せており、差別してきた側が抑圧されているかのように嘆いている。

なぜ公民権法がアメリカ社会に必要とされたのか。それは、人種平等へ向けた取り組みなしにアメリカ社会の安定がありえなかったからである。そのことは19世紀の奴隷反乱に始まり、20世紀の凄惨（せいさん）

な人種差別と人種暴動にいたる歴史を振り返っただけでも明らかである。保守派が自らの「自由」や「社会的規範」を語るとき、そこでは決まって人種問題が度外視されているか、人種差別が当然視されている。

アメリカ憲法とはどういうものか――トクヴィル、ビアード、そして現在

では保守派が持ち上げる憲法体制とはどういうものか。それらは彼らが描くような調和的で美しいものであったのかどうか、この点についての精査が必要である。

保守派は、建国期に作成された憲法の体制を理想化しがちだ。確かに、フランスの政治思想家であり政治家でもあったアレクシ・ド・トクヴィルが『アメリカのデモクラシー』(第1巻1835年、第2巻1840年)で激賞したように、アメリカの建国以来の民主主義の成果には目を見張るものがあった。トクヴィルはその第1巻の冒頭で次のように書いている。

「私のいう巨大な社会革命がその自然の限界にまでほぼ達しているかに見える国が世界に一つある。そこでは革命が単純かつ円滑に進んでいる。いやこの国ではわれわれの間で進行中の民主革命の成果が革命なしに達成されていると言えよう[*10]」

*10 アレクシ・ド・トクヴィル『アメリカのデモクラシー』松本礼二訳、岩波文庫、2005年、第1巻上、26ページ。

当時のアメリカの政治的な開放的雰囲気は、「7月革命」（1830年）後の、つまりマルクスとエンゲルスのいう「メッテルニヒとギゾー」の暗い時代のヨーロッパからやってきたトクヴィルにとってはよほど輝かしくみえたにちがいない。

しかし、そのトクヴィルでさえ無条件にアメリカの政治体制を持ち上げたわけではない。彼は、その著書の全体で、アメリカの民主政治の危うさや、奴隷制、先住民に対する政策に厳しい目を向けている。つまり初期アメリカの政治体制には、きわめて複雑で多様な矛盾や難点がふくまれていた。そのことを彼は驚くほど克明に論じ、決してアメリカの憲法体制を美化してはいない。

アメリカの憲法体制に内在する問題を痛烈に批判したのが、20世紀初頭の革新主義の歴史学者たちであった。その代表格、チャールズ・ビアードは、『合衆国憲法の経済的解釈』（1913年）でそれまでの憲法論の通説を覆す見解を発表した。[*11]

彼以前のアメリカ憲法解釈では、憲法は、人民の統合の象徴であり、神聖なものとみなされていた——いまもかなりの程度そうであるが——。それに対してビアードは、フィラデルフィア憲法制定会議や憲法批准過程など、憲法制定過程をつぶさに分析し、各会議の構成メンバーとその経済的利害を克明に調べ上げ、アメリカ憲法が資産を持つ者による持たない者に対する支配の永続化をめざしたものであることを明らかにした。

ビアードは次のようにいう。

「商人、金貸し、債権所有者、製造工業主、海運業者、資本家、金融業者、さらに彼らの仲間である弁護士などの知的専門職、これらのほとんどすべてが合衆国憲法を支持する陣営に見いだされ、反対者のほとんどすべて、またはその大部分が、奴隷を所有しない農民や債務者から出たとすれば、アメリカの基本法〔憲法——本田〕は『人民全体』といった抽象の産物ではなく、その採択によって有利な成果を望んでいた経済的利益集団の創造物であったことが、決定的ともいえるほど証明されはしないだろうか[*12]」

「多くの無産大衆は、当時一般的であった財産資格による選挙権の付与によって、合衆国憲法の作成の仕事に（代表者を通じて）参加することを最初から排除された。……合衆国憲法なるものは、根本的な私有財産権が政府に先行するものであって、人民による多数決原理の範囲の彼方にあるという考え方にたった、一つの経済的文書なのである[*13]」

ビアードの筆致はいかにも左派的であり、実際、彼は「マルクス主義」「経済還元主義」だとの批判にさらされたが、実際の合衆国憲法の制定過程をみても、現在の保守派が考えているのとは異なり、あらゆるアメリカ国民の「自由」が憲法で保障されたわけではなく、また理想の民主主義体制ができたわけではない[*14]。

ビアードのアメリカ憲政史理解は、その後、研究者のあいだでさかんに議論され、修正を加えられ

＊11　チャールズ・ビアード『合衆国憲法の経済的解釈』池本幸三訳、研究社、１９７４年。
＊12　ビアード、前掲＊11、52ページ。
＊13　ビアード、前掲＊11、２９０ページ。

つつ、戦後のニューレフト史学などを経由して現在の左派の歴史認識に継承された。

左派の歴史学者ハワード・ジンの『民衆のアメリカ史』(1980年)からは、ビアードの系譜に連なる明瞭な結論を引用することができる。

「合衆国憲法の政治上の条項の背後に経済的利害が見られるとすれば、この憲法は、たんに礼儀正しく秩序ある社会を建設しようとした賢明な人々の作品ではなくなる。それは、一方で民衆の支持を確保するに十分なだけの人々にそれ相応の権利と自由を与えながら、他方で自分たちの特権の維持を図る特定のグループの作品にほかならなかった[*15]」

さらにマルクス主義の歴史学者エレン・メイクシンス・ウッドは、『民主主義 対 資本主義——史的唯物論の革新』(1995年)で次のように述べている。

「憲法の立案者たちは、……人民の権力を具体化するとともに同時にそれを抑えるような一連の政治制度を構想する最初の実験に乗り出した[*16]」。「建国の父たちは代議制を人民を政治から遠のける手段と考えただけではない。彼らは……有産階級を利するという理由で代議制度を擁護したのである。代表制民主主義は、アリストテレスの混合政体の一つのように、寡頭制の含みを持った、洗練された民主主義なのである[*17][*18]」

＊14　ビアード自身はマルクスにも精通していたが、それ以上にこの著作は、当時の革新主義の時代のアカデミズム、とくにビアードも在籍した当時のコロンビア大学などの実証主義的な歴史学、社会研究の水準の高さを示している。同大は、世紀転換期から神学中心の教学を刷新し、近代的な学問体系を整えつつあった。彼はこの著作を準備する過程で、同僚であった経済学者エドウィン・セリグマンの影響を強く受けたといわれる（セリグマンは『歴史の経済的解釈』〔Seligman, Edwin (1920) *The Economic Interpretation of History*, Macmillan〕を書いている）。

＊15　ハワード・ジン『民衆のアメリカ史』（上）富田虎男訳、TBSブリタニカ、1993年、163ページ。

＊16　エレン・メイクシンス・ウッド『民主主義 対 資本主義——史的唯物論の革新』森川辰文訳、論創社、1999年、297ページ。

＊17　ウッド、前掲＊16、302ページ。

＊18　同書におけるウッドの主張は、市民革命一般の性格を正確にいいあてているので、要約して紹介しておく。イギリスのマグナ・カルタ（大憲章）や名誉革命の肝心なところは、有産階級の地位の向上をめざすことであった。君主の支配に対して領主や資本家が自らの独立を主張する。その際、農民や社会的底辺の労働者の彼らへの従属は基本的に維持される。それこそが市民革命の本質であり、勃興しようとする資本主義的な社会体制にとって不可欠の要素であった。立憲主義、代議制など市民的自由は普遍的な利益をもたらすというよりも、君主の権力を制限する装置となり、新たな支配層にとっての有力な武器となった。「自由主義」はその際のイデオロギー的表現となった。王権が制限されることによって、「政治的領域の価値」は縮小し、重要な社会的決定が私的領域と市場に委ねられることになった。それは農民や労働者にとっても政治的な自由の拡大をもたらし、開放感が広がった。「国民的一体感」という擬制、つまりベネディクト・アンダーソンのいう「想像の共同体」が生まれる。農民や労働者は新たな資本関係へ編入、包摂されつつ、ある程度の市民的自由や権利を享受する。アメリカの独立戦争から憲法体制の成立にかけての歴史は、この内容を踏襲している。憲法を策定したフェデラリストたちは、新たな国のかたちを決める闘争で、庶民の力を借りて対英独立を果たしたが、その後は財産による被選挙権の制限など人民の権利の抑圧に努めた。

権力構造に対する保守派の戦略

公民権法やマイノリティの権利を掲げた「アイデンティティ政治」をたたくだけでは、いかにも説得力がないと考えたのか、保守派の議論のなかには、アメリカの支配的権力構造に踏み込んだ主張がある。

評論家アーロン・マッキンタイアは、『全体国家』という著書を最近発表したが、そのなかで彼は、アメリカの歴史は立憲共和制から全体国家への変貌だったと論じ、20年にコロナ・パンデミックの到来で、公衆衛生の名のもとに個人の自由が侵食されている事態を目の当たりにし、アメリカの権威主義がいかなるものかを理解したと述べている。

「全体国家は、非常事態を利用し、個人の自由を侵害し、抵抗なしに権力を掌握できる[*19]」

ではこの「全体国家」を支配するのはいったいだれか。マッキンタイアは、われわれの生活は、巨大なネットワーク——ビッグテック、大企業、行政組織、メディア、教育機関、スポーツリーグ、政治家など——に支配されている。「全体国家」は、個人を家族やコミュニティ、宗教から引き離し、個人を直接支配するとしている。

マッキンタイアは、立憲共和制の伝統に回帰しコミュニティを再建するためには、連邦や州・地方政府との対決も辞さない覚悟が必要であるとさえいう。

確かに現在のトランプ支持層の多くは、彼が描いたこうした支配構造のもとで自分たちは貧しくなったのだと知っている。

ただマッキンタイアにあっては、なぜかたたかいの矛先は巨大なネットワーク支配そのものにではなく、政治エリートと政府に絞り込まれる。この支配システムは、リベラルなエリートらがつくり上げたものであり、したがって膨張した政府機構を縮小せよというスローガンに結びつく。

コロナ・パンデミックのもとでは、外出のほか宗教活動のために一定人数以上が集まることも禁止された。キリスト教保守派の多くはこれにも強く反発した。

こうした経験をふまえれば、政府批判はより受け入れられやすかったといえる。パンデミックは保守派にとって政府批判の追加的な材料となった。

しかしトランプ支持層が頼りとする共和党やトランプ自身は、実際はまさに大企業ベッタリ、富裕層寄りであり、政府の規模縮小といった場合、共和党政権やトランプ前政権では真っ先に社会保障、教育、医療などの機能がその削減対象とされ、現在もそうである。

ポピュリズム政治家としてトランプは、白人労働者層をときには煽動し、その不満の受け皿のように振る舞ってきたが、トランプ支持層の期待とはすれちがっている。

憲法体制のひずみの克服なしには戦争や経済、人種の問題は解決できない

保守派は、「神聖なる」憲法体制を汚すものとしてリベラル派の政策を否定しようと考えている。

＊19 MacIntyre, Auron (2024) *The Total State: How Liberal Democracies Become Tyrannies*, Regnery p. 40.

そしてこうした主張はトランプの岩盤支持層に確実に響いている。

しかし公民権法も、建国以来の憲法体制の上に積み重ねられてきたものであり、公民権法体制が仮に除去されたとしても、それによって必ずしも万人を幸福にするような予定調和的な政治システムが現れるとは期待できない。

逆にいえば、保守派の考え方はいまある社会のあまたある不幸の出どころが、人権の主張やマイノリティに対する行き過ぎた配慮だと決めつけることによって、国家の福祉的機能を攻撃し、人種対立、移民排斥、性的マイノリティへの憎悪を駆り立てることに主眼を置いている。その意味において、彼らの政治学的見解は、社会的不満のはけ口のイデオロギー的な転轍機の役割を果たしているといえる。

しかし、そもそもアメリカの憲法体制が「諸階層の協調的な融合」によって成り立っているかのようなとらえ方——政治学者ベネディクト・アンダーソンのいう「想像の共同体」——は、大統領就任演説のセレモニーなどではともかく、現実の政治状況を説明するための役には立たない。

現実の政治状況は、軍産複合体や金融・ＩＴなどのグローバル資本主義を主導する巨大企業や富裕層の利害で動いているのが実態である。

その意味では保守派や共和党だけでなく、リベラル派、民主党も国民に正しい問題提起をしているとはいいがたい。政治家は、憲法の積極的な理念に照らしてひずんだ支配構造を明示し、それとのたたかいを国民によびかけるべきである。

バイデン政権は、ハイテク企業規制などでは一定の努力をし、コロナ・パンデミックの際にも低所得層への無条件的給付に踏み出したが、その成果は弱々しいものにとどまった。軍産複合体や巨大産業の支配と決別することを避けたがゆえに、イスラエルによるパレスチナ・ガザ地区侵攻やウクライナ問題を収束に向かわせることはできなかった。

3 「パラノイア政治」の伝統

「アメリカの研究者にとって、1950年代にここまで広く一般に響きわたった反知性主義はけっして新しいものではなく、むしろなじみの概念だった。それは1950年代にはじめてこの国で表明されたものではない。アメリカの反知性主義は、じつはわが国が国として自己確立する以前の昔からあり、長い歴史的背景を持っている」（リチャード・ホーフスタッター『アメリカの反知性主義』1963年[20]）

過激化のメカニズム

トランプの言動をみると、彼は支持者を煽動し、既存の民主党と共和党の対立構造を外から壊そうとしていることがわかる。

トランプを熱狂的に支持し、彼の力をわがものと感じているのは白人保守派を中心とする中間層の労働者だ。彼らは、自分たちの経済的立場は不安定で、既存のシステムから疎外され、さらに移民によって利害を侵食されていると考えている。同時にリベラルな価値観には抵抗があり、そのために文化的に劣位にあると非難されているとも感じている。彼らは既存の政治システムを民主党と共和党がつくり上げ、エリートたちやウォール街が支配しているとみなしている。トランプ支持者は、ありきたりの政策議論に飽き飽きしていて、既存のシステムの維持やその修正に関心はない。

だからトランプの思想、政策、人格がいかに民主主義的価値観から遠く離れていようと、トランプこそが、自分たちを追いつめた支配的システムを破壊してくれるものと期待し、転換のためにトランプに権限を集中することが必要と考えている。

したがって、トランプの凶暴さ、粗暴さは、トランプに批判的な人々にとっては耐えがたいものであるが、支持者たちにはそれが真逆に映るのだ。

トランプのカリスマ性は、エリート支配勢力に立ち向かうことを期待する人々の存在に立脚している。彼の有無をいわせぬ威圧的な態度こそが魅力の源泉であり、政敵を口汚く批判すればするほど、支持が強まる。

トランプはそれを十分に理解しているため、その言動を自制しない。「憎悪」と「熱狂」――ここにトランプ現象がエスカレートする理由がある。

支持者たちには、トランプの政策が自分たちに打撃になるとはまったく考えていない。

実際のトランプの経済政策は、金持ち減税の推進やＩＲＳ（内国歳入庁）の予算削減、学資ローン減

＊20　リチャード・ホーフスタッター『アメリカの反知性主義』田村哲夫訳、みすず書房、２００３年、６ページ。彼は次のようにも書いている。「アメリカの政治で、真に強力で大がかりな反知性主義への最初の衝動となったのは、ジャクソン派の選挙運動であった。その専門知識層への不信、中央集権化への嫌悪、固定した階級の枠を根絶したいという欲求、重要な仕事はだれもが遂行できるという説などが重なった結果、この国で18世紀以来受け継がれてきたジェントルマンによる統治体系は否定され、公的な生活における知識階級の特別な価値も否定されるにいたった」（１３６ページ）。

免の中止、時間外労働の保護打ち切り、学校給食補助削減、児童労働の緩和、労働組合攻撃など、弱者いじめで、金持ち優遇を推し進めるものなのだが、そのことは目に入らない。

トランプは、バイデン政権がおこなってきた一連の中間層と低所得者層重視の政策を覆そうとするが、トランプ支持者は、民主党の逆を行くことが自らの利益だと考える思考回路から抜け出せず、このことがらの意味を理解できない。

「パラノイア政治」――リチャード・ホーフスタッター

既存の政治の民主党対共和党という対立軸から人々を引き離し、支持を取りつける場合にはいろいろなパターンがある。

たとえば、これまでは左翼であれば、社会主義や共産主義という思想がその離脱の論拠となった。ファシズムであれば、伝統主義への回帰と神秘主義、民族主義などの混合物がその役割を果たした。

トランプの場合にも、ある種の非合理的な心理的なしかけがある。それはドイツやイタリアのファシズムよりも、むしろアメリカ土着の伝統的心理に基づいているように思われる。

こうしたアメリカ固有の心理的傾向を、この国の長期的な政治史の文脈で描き出したのは、20世紀の著名な歴史学者、リチャード・ホーフスタッター（1916―70年）である。彼の『アメリカ政治のパラノイア型』という著書は1950年代から60年代にかけて書かれた論考を集めたものであるが、その内容は示唆に富んでいる。[*21]

「パラノイア」というのは不安やストレスからくる被害妄想、人格障害を表す。アメリカ政治では、恐怖や不安を煽った非現実的な妄想、あるいは根拠のない主張、デマを土台にした政治的風潮が間欠的に現れてきたと彼はいう。

「パラノイア型」の政治というのは、ほとんどの場合、従来の政治対立の枠組みから外れた超右派の突出した政治イデオロギーを指す。

ホーフスタッターによれば、パラノイアの傾向がアメリカでは他の西側世界よりも強くみられるという。独立革命から19世紀初頭のジェファーソンの時代までのプロテスタントの一部が主張した「イルミナティ」とよばれる陰謀団体によるプロテスタントへの攻撃があったとする陰謀理論、第二次世界大戦後の「共産主義の脅威」を煽ったマッカーシズム、人種問題を露骨に主張したバリー・ゴールドウォーターの台頭などが「パラノイア政治」である。ゴールドウォーターとは、公民権法反対を掲げて1964年の大統領選挙に共和党候補として出馬し、ジョンソンに敗れたが、公民権運動の最盛期に一般投票で38・5％を確保した人物である。

スタンリー・キューブリックの映画『博士の異常な愛情』（1964年）では、「共産主義者がアメリカの水道にフッ化物を入れている」という陰謀論が出てくる。

トランプの場合は、さしずめ「オバマ（大統領）は外国生まれ」「ヒラリー・クリントンは人身売買に加担している」「2020年の選挙は盗まれた」「私ほど人種差別から遠い人間はいない」「私はディープステート（闇の国家）とたたかっている」などの主張がそうである。

＊21　Hofstadter, Richard (1965) *The Paranoid Style in American Politics: and Other Essays*, Knopf.

ホーフスタッターは、「パラノイア型が長い歴史において繰り返しさまざまな場所で現れてきた事実は、世界をパラノイア流に解釈しようとする精神的傾向がつねに国民のかなりの部分において存在することを示唆している」[*22]としている。

「エセ保守主義」の現代版

「パラノイア政治」と関連する概念が、「エセ保守主義」(Pseudo-Conservatism) というホーフスタッターのもう一つの概念である。これは「パラノイア政治」を内包した陰謀論的な保守政治を意味する。ホーフスタッターによれば、1950年代から60年代半ばにかけて、アメリカではこの「エセ保守主義」が蔓延した。

ニューディール型の戦後社会保障体制がかたちを整えつつあった時代、民主党はそうした体制を維持するという意味で、現状肯定的な態度をとらざるをえなかった。つまり、「リベラル派のほとんどは新しい野心的なプログラムを前面に持ち出すのではなく、既存の成果をできるだけ擁護しようとした」[*23]。

そこで保守派の一部は、既存の保守とリベラルの対抗軸から離脱した新しい保守、つまり「エセ保守主義」へと傾斜したという。

たとえば、1952年の大統領選挙の共和党の候補者選びでアイゼンハワーがロバート・タフトを破った際に、保守派のある人物は「これであと8年社会主義がつづく」とコメントしたとホーフスタッターは記している。こう述べた人物は、民主党の候補も共和党の候補も軟弱で共産主義に甘いとみていたのだ。アイゼンハワーまでも当時のソ連のシンパだとの見方もあった。

　こうなると、支配的な民主党と共和党のいずれにも属さない極右的な保守主義の固まりができあがる。これが「エセ保守主義」といわれるものだ。つまり伝統的な保守主義とは異なる極右的変種である。

　こうした固まりが大きくなれば、既存の保守―リベラルの対立の軸が相対化され、視点が右にずれる。そのことによって従来の保守が穏健にみえてくる。ここに「エセ保守主義」の役割がある。マッカーシズムはまさにそれに当てはまる。

　伝統的な保守主義とは、英国の思想家、エドマンド・バーク（1729―97年）に代表されるような封建的な身分制秩序と支配構造、財産世襲のメリットを主張し、近代民主主義の限界を強調する考え方である。それに対して現代的な保守主義というのは、近代的国家の弊害に対する認識から、個人の自由、市場の役割を重視する考え方である。

　だが「エセ保守主義」には思想的なまとまりはなく、その政策は便宜的な手段の寄せ集めである。「エセ保守主義」とはもともとフランクフルト学派のアドルノらの用語だが、こうしてみると、トランプ現象は、アメリカに従来ある「エセ保守主義」の現代版といえる。

　ホーフスタッターは、「エセ保守主義」とは、「さしあたり古い超保守主義と古い孤立主義が、現代

＊22　前掲＊21：Hofstadter (1965), p. 38.
＊23　前掲＊21：Hofstadter (1965), p. 42.

世界の異常な圧力によって高められたもの」と説明した。そして、その傾向はつねにアメリカ政治の土台に存在し、ときに顕在化する性格を持つという。

現在、こうした「エセ保守主義」の怒りがどこから来るのかは明らかだ。

今日のアメリカ社会が、戦後をかたちづくったニューディール型の社会政策でも、その後の一時代を制覇した新自由主義によっても救うことができないことが明白となりつつある。このことが社会の一部に「エセ保守主義」を受け容れる土壌をつくったといえる。

ケンブリッジ大学の歴史学者、ゲイリー・ガーストルはいまのアメリカの政治状況を次のように特徴づける。

「ニューディール政策は、大多数の国民に対して、強力な中央政府こそがダイナミックでありかつ危険な資本主義を公益にのっとって管理できるとして支持を広げた。新自由主義は国民に自由市場こそ資本主義を不必要な国家統制から解放し、繁栄と個人の自由を国民の末端はおろか、世界のすみずみにまで及ぼすことができると説いた。しかし、そのどちらもいまやかつてのような支持と権威を獲得することはできない。政治は混乱と機能不全に陥っている。ではそれらの次にくるのはなにか。これがアメリカと世界に投げかけられた問題である[*24]」

つまり、民主党のニューディール的な政治にも共和党の新自由主義政治にも、白人中間層は、自らのステータスの危機や不安に応えうるものがみいだせないということだ。そこで彼らはトランプをみいだした。

しかもポピュリズムの風潮につけ込んで、富裕層がそれに資金を与え、自らに有利な政策を実現しようとする強いバネが働いた。

2016年の大統領選挙で、大富豪で保守勢力の支援者として知られるコーク兄弟はトランプが副大統領候補にマイク・ペンスを指名したことから、減税と規制緩和に取り組むとみて、トランプ支持に転換した。トランプはこうした富裕層と大企業の利害へ焦点を合わせることに抜け目がない。トランプ陣営にはそうした保守派富裕層からの資金が流れ込みはじめた。

要約すると、アメリカのパラノイア政治には、経済あるいは人種問題に由来する中間層の社会的ステータスの危機と不安がその底流にある。

ガーストル教授の次の指摘は現在のアメリカの陰鬱（いんうつ）な雰囲気をよく説明していて、ホーフスタッターの主張とも重なる。


「トランプは、左右どちらの目から見ても破綻した政治的秩序のアメリカ固有の産物である。グローバルな自由市場と自由な人の移動を重視する新自由主義的秩序は多くの人々を取り残した。それはメインストリートよりウォールストリートを大事にし、極端な不平等に寛容であり、おびただ

＊24　Gerstle, Gary (2023) *The Rise and Fall of the Neoliberal Order: America and the World in the Free Market Era*, Oxford University Press, p. 293.

しい数の人々が刑務所に収監されている問題や、金融危機によりマイノリティの住宅保有者が大量の資産を喪失する問題を無視した。またイラクではアメリカの関与する必要のない戦争を正当化し、さらにその復興にも失敗し、中東の悲劇を増幅した。アメリカの困難はトランプがアメリカ政治の舞台に躍り出る何年も前にすでに顕在化しており、そうしたなかでその悲しみと怒りを操る達人が出てきてもなんら不思議ではない[*25]」

付け加えていえば、トランプ現象の薄気味悪さはその固まりが肥大化し、既存の民主党と共和党の対立という政治構造を食い破り、それに置き換わろうとするのではないかと予感させるところにある。これがトランプ政治のこれまでのどの「パラノイア政治」ともちがった点である。

もちろん、単純にそうなると断言はできない。アメリカ政治にはもう一つの伝統、つまり民主主義それ自体の強さがあるからである。

多少なりとも楽観的な見方は、ケンブリッジ大学の政治学者デイヴィッド・ランシマンの主張である。彼は、一人あたりGDP（国内総生産）が8000ドル以上の国で民主主義が軍政化した例はないと述べ、次のように指摘している。

「21世紀のアメリカはドイツのワイマール共和国とは明らかに異なる。アメリカの政治制度は闘争の中で鍛え上げられている。社会はさらに豊かになっている。人々のやるべきことは多く、民主主義に武力で挑むほど暇ではない[*26]」

むろん、こうした楽観的な要素を挙げたとしても、「パラノイア政治」に対する懸念が容易に払拭(ふっしょく)されるわけではない。しかも問題はトランプ第二期では終わらず、それ以降もつづきそうなことである。現実の政治に向き合うには根気と覚悟が要りそうだ。

＊25　前掲＊24：Gerstle (2023), p. 290.
＊26　デイヴィッド・ランシマン『民主主義の壊れ方――クーデタ・大惨事・テクノロジー』若林茂樹訳、白水社、2020年、263ページ。

4 「長い南部戦略」——戦後アメリカ政治の軌跡

「ソリッド・サウス」

アメリカの政治は、歴史的にみて、上下両院いずれかが共和党の手にわたると、内政面で停滞し保守化する傾向がある。

アメリカ政治の現局面を理解するためには、それを歴史的文脈においてとらえる必要がある。ここでは両党の議席数の推移との関連で戦後の政治の展開をみてみよう。

19世紀から20世紀初頭にかけて、アメリカ南部は、「ソリッド・サウス」「南部ブロック」といわれたように、民主党の牙城であり、人種差別意識の強い地域であった。民主党は奴隷主の党であり、これに対して、共和党は東部と中西部を支持基盤とした奴隷解放のリンカーンの党であった。つまり質的にも地理的にも、いまの逆であった。

しかし1930年代のニューディール政策の時代から民主党は変貌を遂げた。大恐慌のもとで、社会保障制度の創設や金融制度改革、労働改革を大胆に推し進め、黒人や先住民の地位向上にも取り組んだ。ある人は、ローズヴェルト大統領の民主党を「ニューディール労働党」とさえよんだ。

民主党がそのように振る舞えたのは、1930年代のニューディールの時代に国民の支持を集め、議会で圧倒的多数を占めていたからこそである。

このころの民主党の議席数をみると、上院―下院でそれぞれ、1933年：59議席―313議席、1935年：69議席―322議席、1937年：76議席―334議席、1939年：69議席―262議席、1941年：66議席―267議席、1943年：57議席―222議席であった。

一つの政党が下院で300議席を占めたのはアメリカ政治史においてこの時代だけである。逆にいえば、ニューディール規模の政治改革のためには、いかに国民の結束とそれを受け止めうる政党が必要かということがこの数字からうかがえる。

民主党優位の議会構成は、第二次世界大戦後、民主党トルーマン政権と共和党アイゼンハワー政権の一時期をのぞいて1990年代半ばまでつづいた。下院での優位は1955年から1995年までのじつに40年間に及んだ。上院では1981年から87年まで共和党の多数を許したのみで、それ以外は民主党が多数党であった。こうした民主党の議会での存在は、ニクソンやレーガンといった共和党の大統領が現れても、内政面での保守化、右傾化をかなりの程度抑止する力となったといえる。

逆に、議席を大きく失った場合には、政治の風向きが大きく変わった。

その端的な例はトルーマンの時代である。トルーマン政権期の1946年の中間選挙で、民主党は上院で12議席を失い45議席、下院で56議席を失い188議席となり、両院で大きく過半数を割った。これによって議会の雰囲気はそれ以前のニューディールの時代から一変する。翌1947年からの議会では、戦後アメリカの保守化の起点ともいうべき一連の法案が可決された。

1947年6月には、ニューディール時代にできた労働権を骨抜きにする「タフト＝ハートリー法」ができ、安全保障面では、「トルーマン・ドクトリン」（3月）、国家安全保障会議（NSA）と中央情報局（ＣＩＡ）の創設（9月）といった強固な冷戦即応体制の骨組みが矢継ぎ早にできあがった。

１９４６年の選挙での共和党の躍進をどのように説明するかは難しいが、当時の国民の関心が景気後退の可能性と冷戦の恐怖に向けられたことが要因となったと考えられる。イギリスの歴史家エリック・ホブズボームは第二次世界大戦直後の心理状況について次のように説明している。

「冷戦は西側の信条に基づいていたといえる。それは『破壊の時代』は決して終わっておらず、世界の資本主義と自由主義的社会の未来は安定から程遠い、という考えだ。いま振り返れば馬鹿馬鹿しいものだが、第二次世界大戦後においては至極当然だった。専門家たちのほとんどは、第一次世界大戦後に起きたことから類推して、戦後に深刻な経済危機がアメリカにおいてすら起きると予想を立てていた[*27]」

さらに１９５２年の大統領選挙では、アイゼンハワーが勝利し、同時に上下両院ともに共和党が僅差で多数となる。アメリカの歴史家リチャード・ホーフスタッターによれば、１９５２年の大統領選挙とは次のようなものであった。

「１９５２年の大統領選挙では、対立するふたりの候補の知性と俗物根性の対照が争点となった。一方の［民主党大統領候補――本田］アドレイ・スティーブンソンは、非凡な知力と際立つスタイルを持つ政治家であり、知識人を惹きつける力は近年まれにみるものだった。一方の［共和党候補――本田」ドワイト・D・アイゼンハワーは凡庸で、ことばもやや不明瞭であり、人当たりの悪いニクソンとコンビを組んでいた。アイゼンハワー将軍の選挙運動は、彼自身よりも副大統領候補と所属政党のマッカーシー陣営の手で、性格が決定されていた」[*28]

そのうえで、ホーフスタッターは現代史学者アーサー・シュレジンジャーの言葉を借りて、次のように書いている。「知識人がおおむね理解され、尊敬された民主党支配の20年間の後、実業界が権力を取り戻した。『ビジネス優位の社会は、ほぼ例外なく社会の俗化』をともなう」。アイゼンハワーに敗れたスティーブンソンが、「ニューディーラーが去って、カーディーラーがやってきた」という名言を残したのはこのときであった。[*29]

「偉大な社会」から「南部戦略」へ

アイゼンハワーやニクソンといった共和党大統領の時代においても、議会では民主党がほぼ多数を占めた。民主党は、1960年代のケネディ、ジョンソン政権の時期にいわゆる「偉大な社会」とよばれる社会保障の整備や公民権法の制定などの政策で支持を伸ばした。

＊27　エリック・ホブズボーム『20世紀の歴史——両極端の時代』大井由紀訳、ちくま学芸文庫、2018年、上、463ページ。
＊28　ホーフスタッター、前掲＊20、1ページ。
＊29　ホーフスタッター、前掲＊20、4ページ。

しかし、議会での民主党優位の裏面で、政治状況は徐々に変化しつつあった。「南部戦略」といわれる共和党の戦略によって、徐々に民主党の支持基盤が侵食されていったのである。

黒人の人権を擁護する公民権運動の高まりについていけない南部の保守派は1960年代に民主党から共和党へと鞍替えしはじめた。1964年の大統領選挙では、「昨日も人種隔離、今日も人種隔離、明日も人種隔離」といいはなつ公然たる人種差別主義者の共和党候補バリー・ゴールドウォーターが現れ、一般投票で4割近い票を得た。

リチャード・ニクソン大統領の時代になると、彼は南部バプティスト教会というキリスト教福音派の巨大組織を味方につけ宗教勢力への浸透を図った。人種問題を煽れば煽るほど、白人保守層は共和党になびくことがわかった。共和党はこの人種のカードを切りまくった。これが「南部戦略」である。

こうして南部は共和党化し（共和党が南部化したともいわれる）、東部、中西部は民主党が押さえるという現在の政治地図ができあがった。

ジャーナリストのエドソール夫妻は、著書『争うアメリカ』のなかで、1960年代に人種の問題が権利や税金の問題と連鎖的な反応を起こし、大きな政治的変化が生まれた詳細を明らかにしている。彼らは次のように記している。

「人種問題が人々の不安を招きやすい問題［文化的、社会的、道徳的問題——本田］と融合したことで、人種的リベラリズムに最も密接に関係し、文化的リベラリズムとも密接な関係を深めつつあった政治組織（すなわち民主党）は大きな痛手を被らざるをえなかった。60年代と70年代を通じて有権者は民主党を、再分配を推進するリベラリズム、社会変革の加速、大きな政府、税負担の増大、中産階級の所得の伸びの鈍化と関連づけるようになり、保守派の逆コースを後押しする勢いが着実に増していった[*30]」

1968年民主党全国大会

ベトナム戦争を推し進めていたジョンソンは、1968年3月12日のニューハンプシャー州民主党予備選挙で、ベトナム反戦を掲げる上院議員ユージーン・マッカーシーに対して僅差で勝利した。その直後、暗殺されたジョン・F・ケネディ大統領の弟のロバート・ケネディ元司法長官が、ベトナムからの即時撤退を掲げ大統領選への名乗りを上げた。

ジョンソンは、敗退が避けられないとみて、3月31日、テレビ演説で大統領選挙への不出馬を表明した。「多くの若者が彼の地で死んでいるこのときに、私はすべての時間を自らの職責に用いる」と彼は述べた。

それまで民主党の反戦派はマッカーシーを擁立しようとしていたが、ケネディに傾いた。しかしそのケネディは、6月5日にロサンゼルスで暗殺される。反戦派は、意気消沈したものの、マッカーシーを再度擁立し、主流派が推すヒューバート・H・ハンフリー副大統領と8月の党大会で対立した。

*30　トマス・バーン・エドソール、メアリー・D・エドソール『争うアメリカ——人種・権利・税金』飛田茂雄訳、みすず書房、1995年、219ページ。

民主党は、反戦派のマッカーシーか、戦争遂行のハンフリーかの選択にせまられ、党大会は大揉めに揉めた。シカゴの南側にある円形劇場で開かれた党大会会場の外では反戦デモ隊とシカゴ警察とが衝突を繰り返し、流血の騒ぎとなった。

最終的にハンフリーが民主党候補に指名されたが、民主党は事実上、分裂状態で本選挙を迎えた。結果、ハンフリーは、共和党のリチャード・ニクソンにわずか50万票、得票率にして0・7%の僅差で敗北した。

この一連の流れは、党の分裂が敵を利する実例であり、したがって2024年の大統領選挙戦の最中、バイデンが高齢のため撤退しても、敵前で候補者選びのための小田原評定を繰り返していては勝てないと多くの人々が考えた理由でもあった。民主党候補がカマラ・ハリスでまとまったことはその意味で多くの民主党支持者の歓迎するところとなった。しかし、1968年の教訓は、党の結束という問題だけでなく、不人気な候補者が撤退しても、不人気な政策問題——どちらの場合も戦争政策——が残れば支持を失うということであった。1968年にはそれが火種となり、民主党の分裂を招いたのであった。

当時、ハーバード大学の教授だったジョン・ケネス・ガルブレイスは、マッカーシー陣営の政策スタッフだったが、このときの党大会の状況について、次のように語ったといわれている。

「政治綱領委員会がだれの気にも入らない『平和施策』をしつこく主張していたのは、本人は否定しているが、ジョンソン大統領が委員会を支配していたからだった。反体制派代議員からは、演壇側は自分たちの意見を認めようとしないと怒りに満ちた非難の声が上がり、会場はさらに気まずい雰囲気になった。ジョンソンの支持者たちは大統領の望む政策をごり押ししていった[*31]」

ウクライナとパレスチナの戦争政策は、バイデンからハリスへの候補者の交代のどさくさで大きな争点とはならなかった（正確にいうと、それ以外にもイエメンやシリアなどへの介入も同様である）。ハリスがバイデンの戦争政策を転換することの確約がないまま多くの人々はカマラ・ハリスで党が結束すること自体を喜んだ。しかし彼女がその後も戦争政策の根本的な変更を口にしなかったため、一部の民主党議員のみならず、多くの国民、とりわけ若者の離反を招いた。著名なジャーナリスト、セーモア・ハーシュは当時、いままさにベトナム戦争が泥沼化するなかでリンドン・ジョンソン大統領がおこなったものを上回る大統領選挙不出馬の演説原稿が書かれねばならないと警告したが、そこまでにはいたらなかった[*32]。

＊31　リチャード・パーカー『ガルブレイス——闘う経済学者』井上廣美訳、日経ＢＰ社、２００５年、下、78ページ。

＊32　ハーシュ氏によれば、バイデンはすでに身体的にも衰え、外交や安全保障政策の立案や決定から実質的に外されていたという。安全保障問題を取り仕切っているのはトム・ドニロンら政権内のネオコンであったと自身のサブスタックで書いた。Hersh, Seymour (2024) "Who is Running the Country?: Biden's Decline Has been Known to Friends and Insiders for Months", Seymour Hersh Substack, Jan. 28.

新自由主義への傾斜

1980年代になると、共和党は民主党の所得再分配政策に対抗し、「新自由主義」を打ち出し、「小さい政府論」を掲げた。それは戦後の政府の社会的機能を弱め、社会保障を削減し、経済格差を放置することを意味した。そしてここには、福祉に依存した怠惰で貧しい黒人などマイノリティに白人の税金を使うのはけしからんという人種的な意味合いが込められていた。共和党は、マイノリティを擁護し白人中間層に敵対するとして民主党をさかんに攻撃した。

民主党は、こうした共和党のイデオロギー戦略に対してリベラルな政策を再構築してそれを跳ね返すのではなく、1990年代のクリントン政権のころから共和党の新自由主義にむしろすり寄り、福祉制度改革と称して貧困層を切り捨てはじめた。

こうしたクリントン政権期の民主党の変節にも、選挙での議席数の変化が大きく影響している。1994年の中間選挙で民主党は上院48議席、下院204議席と、上下両院を共和党に奪還された。その後、クリントンは、レーガンが登用したリバタリアン（自由至上主義）の保守派、アラン・グリーンスパンを3期目の連邦準備制度理事会議長として再任し、財政赤字削減に動き出し、さらに1996年、福祉制度改革で「福祉から労働へ」「これまでの福祉は終わった」とのスローガンで共和党と見紛うような福祉削減の政策をとった。

こうして新自由主義という点では、民主・共和両党に政策的に大差がなくなった。そのため共和党は、新自由主義だけでなく、銃規制反対、人工妊娠中絶反対、移民規制強化、家族の価値重視といった社会的、文化的な争点を前面に押し立てた。むろんここでも、それら争点には人種の記号が埋め込まれていて、キリスト教白人の文化こそが重要であるとのメッセージがそこにはある。こうして両党間の政策争点は、差別の根源にある経済問題という本質から徐々に離れ、非経済的な領域に追いやられた。

南部戦略はある意味で現在でもつづいている。したがって、研究者たちはそれを「長い南部戦略」(The Long Southern Strategy)とよんでいる。この問題を調べた研究者たちは次のようにいう。

「長い南部戦略は、社会の3つの漠然たる不安のうえで作動している。人種、性別役割分業、そして宗教である。いずれのケースでも、〈われわれ〉vs〈彼ら〉という図式があてはめられる[*33]」

この戦略によって、白人女性が初の白人女性大統領候補に反対し、プアホワイトの男性がオバマケアに反対するといったように、自らの経済的利害に反する投票行動をおこなう現象が現れるようになった。人々は、人種や価値観に基づくアイデンティティによって政党を識別するようになった。民主党は、新自由主義にすり寄った政策のツケを支払い、ついでに共和党が悪化させた貧困や社会的亀裂の責任まで負わされることとなった。

第二次世界大戦後の政治過程をこのように概括的にとらえると、以下の結論を導くことができる。

*33　Maxwell, Angie and Shields, Todd (2019) *The Long Southern Strategy: How Chasing White Voters in the South Changed American Politics*, Oxford University Press, p. 330.

戦後のアメリカ議会は、全般的に民主党が所得再分配政策と人種平等を主導したことによって優位な立場を築き、その圧倒的な勢力は1930年代から始まり1990年代半ばまで長期にわたってつづいた。共和党は、戦後初期にその構造を冷戦と経済とを武器に切り崩そうとしたが、それは不発に終わった。民主党の支配を切り崩したのは、経済問題というより、「南部戦略」に込められた人種と文化という争点であり、これに民主党はうまく対応できなかった。

オバマ政権の時代

もう一つの選挙をめぐる苦い経験は民主党オバマ政権の時代であり、それはバイデンが副大統領として間近で共有したものである。

2010年の中間選挙で、オバマ民主党は256議席から193議席へと、じつに63議席を失う大敗を喫した。上院でも議席を減らし、過半数をかろうじて維持するにとどまった。その結果どうだったか。

大きな法案を通す力を民主党はこれによって失った。選挙後、オバマケア(医療保険制度改革)は攻撃され、連邦政府の債務上限の引き上げを下院共和党が頑なに拒んだことで、連邦政府の一部機能の麻痺に見舞われたことを記憶している人も多いであろう。このときの中間選挙では、コーク兄弟やアート・ポープといったリバタリアンの超富裕者による巨額の政治献金(ダーク・マネー)で勝ち上がったティーパーティー運動の議員が一気に増えた。彼らが、政府閉鎖を防ごうとする超党派の政策調整を無視して、連邦債務の削減を強硬に求めたために、政府の一部機能が停止するという混乱が生じた。

オバマ大統領は、当時の共和党下院院内総務ジョン・ベイナーをよんで、「ジョン、いったいどうなっているんだ?」と問いつめた。ベイナーは「私は撃破された。それだけのことだ」と答えた。ベイナーは、「自己の利益だけを追求する過激な圧力団体が、自分たち［共和党——本田］の支持者を欺いて誤った方向に導いている」と語ったという。[*34]

つまり2010年の中間選挙後には、すでに共和党内部にティーパーティー運動が深く浸透し、共和党指導部の個々の議員に対する統制が及ばなくなりつつあったのだ。オバマ大統領が2010年の中間選挙について記した一文があるが、そこには中間選挙の重みがにじみ出ている。

「たしかにやるべきことはまだまだ山のようにある。いまだに多くの人が失業中で家を失う恐れがある。気候変動対策法案もまだ通過させられていない。改悪された出入国管理制度も改善できていない。しかし、そういったことをやり遂げられていないのは、私たちが受け継いだ混乱［リーマン・ショック後の不況——本田］が大きかったためであるとともに、共和党による妨害のためでもある」[*35]

＊34 ジェイン・メイヤー『ダーク・マネー——巧妙に洗脳される米国民』伏見威蕃訳、東洋経済新報社、2017年、554ページ。

＊35 バラク・オバマ『約束の地——大統領回顧録Ⅰ』山田文・三宅康雄他訳、集英社、2021年、下、271—272ページ。

近年の特徴——低水準のせめぎ合い

1994年以降の選挙結果の一つの特徴は、両党の議席数の差がわずかであり、多数党の入れ替わりが激しくなったことである。上院は、オバマ政権を生んだ2008年の選挙で民主党は57議席を獲得するが、それを例外に、あとは多数党が55議席以下の僅差の争いであった。しかも多数は長持ちせず、オバマ政権期に民主党が多数を8年保持しつづけたのが最も長い。

下院は、戦後1946年から1994年まで獲得議席の最小値と最大値は、140議席と295議席とその差155議席であったのに対し、1994年から現在までのそれは、178議席と242議席で、その差は64議席にすぎない。下院も上院と同様、近年、多数党の交代が激しい。

こうした1990年代半ば以降の両党の獲得議席数の拮抗(きっこう)は、社会問題の底辺にある経済問題の深刻化に両党ともに十分対処しきれないまま、争点が拡散し、有権者からすれば、どちらも同じようにみえ、人種的、文化的アイデンティティでのみ政党を選択することから生じているようにみえる。

第2章　宗教・人種問題

1　「キリスト教ナショナリズム」とはなにか

「近代とは世俗的である。ただしここでいう世俗的という言葉は、かなり不正確な用法でよくいわれるような、宗教の不在ということを意味しているのではなく、むしろ宗教がかつてとは異なる独特の位置を占めているという事実を意味している。つまり、あらゆる社会的な行為が俗世の時間のなかで生じているという感覚、このような感覚と合致するようなかたちで、宗教が存在するようになったということである」（チャールズ・テイラー『近代——想像された社会の系譜』２００４年[*1]）

一般的に人類史は、複雑な現象の説明が迷信や虚偽に基づいてなされる時代から、科学的、合理的な説明によってなされる時代へと長い時間をかけて発展し、そのことによって非合理な観念の存立す

＊1　チャールズ・テイラー『近代——想像された社会の系譜』上野成利訳、岩波書店、２０１１年、２８２ページ。

る余地は徐々に狭まったと考えられてきた。ところが現在、21世紀の高度情報社会ともいわれる世の中で、キリスト教ナショナリズムが力を持ちはじめ、彼らの陰謀論が蔓延している。

宗教学研究者のホセ・カサノヴァは、近年、宗教が公的領域に侵入してきたグローバルな文脈について指摘している。

「1980年代の宗教は、二重の意味で『公的なものになった』。それは『公的領域』に入り、そのことによって『公共性（パブリシティ）』を獲得した。……宗教は全世界的な公共事となり、近代世界におけるその位置と役割の再評価を強いた。その出来事とは、イランにおけるイスラム革命、ポーランドにおける連帯運動の高まり、ラテンアメリカのサンディニスタ革命その他の政治抗争に際してカトリックが果たした役割、そしてアメリカの政治に再び公的な勢力として姿を現したプロテスタント原理主義、この4つである[*2]」

アメリカ・プロテスタントの福音派は、1970年代に、福音派であったジミー・カーター大統領に期待を寄せて政治に関与しようとしたが、あまり成果が上がらず、その後、1980年代のロナルド・レーガンの時代になって共和党と結びつき、ビリー・グラハムやジェリー・ファルエルら、テレビ伝道師といわれる人々によって勢力を急拡大した[*3]。トランプを中心とするMAGAムーブメントを押し上げている中心的勢力はキリスト教福音派であるが、なかでも、そのコアな部分は、「キリスト教ナショナリスト」とよばれる人たちである。

「キリスト教ナショナリズム」とは、アメリカはキリスト教国でなければならず、キリスト教が公的な場で他の宗教と比べて特別な地位を与えられるべきとする考え方である。

2023年、PRRI（The Public Religion Research Institute）とブルッキングス研究所は、キリスト教ナショナリズムに関する、6000人を対象にした全国的な調査をおこなった。その結果によれば、アメリカ国民の66％が自らを「キリスト教徒である」としているが、「キリスト教ナショナリズムを支持するかどうか」という質問に対しては、回答者の1割が「支持する」と答え、2割が「どちらかといえば支持する」と答えている。[*4] つまり人口の約3割が広い意味でキリスト教ナショナリズムを支持し、1割が自覚的にそれを受け容れているといってよい。

現在のアメリカの保守派の運動の背後にあるのは、リバタリアン系、保守系の財団やシンクタンク、メガドナー（大口の政治献金者）、大企業であり、これらが政治の分野での政策やイデオロギー活動といった「空中戦」をたたかう主体であるとすると、教会や右派団体をベースとするキリスト教ナショナリストは、実際の選挙戦での集会や戸別訪問による支持拡大など「地上戦」をたたかう実働部隊である。

＊2　ホセ・カサノヴァ『近代世界の公共宗教』津城寛文訳、ちくま学芸文庫、2021年、30ページ。

＊3　その詳細はティム・アルバータの調査が詳しい。Alberta, Tim (2023) *The Kingdom, the Power, and the Glory; American Evangelicals in an Age of Extremism*, Harper Collins.

＊4　PRRI and Brooking Institute (2023) "A Christian Nation?: Understanding the Threat of Christian Nationalism to American Democracy and Culture", Feb. 8; PRRI American Values Atlas, Mar. 9, Dec. 7, 2023.

「アメリカはキリスト教国である」

多くの人々がキリスト教ナショナリズムに対して警告を発する大きなきっかけとなったのは、2021年1月6日の議会襲撃事件であった。その事件に関わった多くがキリスト教ナショナリストであったからである。ジョージタウン大学の政治学者ポール・ミラーも懸念する一人であり、議会襲撃事件の直後に次のように指摘した。

「キリスト教ナショナリズムとは、聖書から導き出された純粋な教義ではなく、あくまで世俗の哲学であり、それを主張する者たちの歴史認識であり、政治的イデオロギーである。それは、キリスト教がアメリカ人の生活のなかに溶け込むことを理想化し提唱する。彼らによれば、アメリカ人の定義はキリスト教徒であることであり、アメリカ政府はキリスト教の遺産を維持すべきである。『アメリカはキリスト教国であらねばならない』――これが彼らの最大公約数の立場である」[*5]

ミラー自身は人工妊娠中絶反対の福音派であるが、彼はキリスト教ナショナリズムに批判的である。ミラーによれば、本来、アメリカは多民族によって構成され、白人だけでもいくつもの民族的ルーツを持つにもかかわらず、それを一つのナショナリズムという範疇(はんちゅう)で括ろうとするのは、アメリカという国家と白人キリスト教徒を直接に重ね合わせようとする意図がある。「それはアメリカのアイデンティティがキリスト教と不可分であるというアメリカ保守派の信条を正確に言い表している」[*6]。

キリスト教ナショナリストは、憲法修正第1条の信仰の自由を表立って否定しているわけではない。

また神権政治を主張しているわけでもない。しかし、キリスト教が他の宗教と比べて公共の場で特別な位置を占めるべきであると考えている。

アメリカの憲法は大統領、議会、司法の役割、権限を淡々と規定したものであり、すぐれて世俗的、非宗教的にできている。独立宣言には確かに神という言葉は出てくるが、宣言の内容自体が聖書から導き出されたものではなく、ほとんどがキリスト教徒であった当時の社会的通念に従ったものにすぎない。もともと独立戦争を指導した建国の父たちに宗教的に熱心な人は少なかった。彼らの多くは「理神論」とよばれる立場であった。理神論とは、世界の始まりにおいて神の役割を認めるが、それができてからは自然の摂理によって事物は動くという考え方であり、無神論や唯物論に近い。

したがって独立宣言や憲法の文面からみれば、アメリカがキリスト教国であるという主張には無理がある。

しかし問題が複雑なのは、公式には「アメリカがキリスト教国ではない」としても、実態的には、多くの国民が過去も現在も、「アメリカがキリスト教国である」と考えているという事実である。

冒頭の2023年のPRRIとブルッキングス研究所の世論調査によれば、「政府がキリスト教を

＊5　Miller, Paul D. (2021) "What is Christian Nationalism?", *Christianity Today*, Feb. 3.
＊6　ミラーは別のインタビューで、「キリスト教は、聖書から導き出された生と死、主の復活など信仰の体系としての宗教であるが、キリスト教ナショナリズムはアメリカのアイデンティティに関する政治的イデオロギーであり、アメリカ政府がおこなうべきだとナショナリストたちが信じる政策的処方箋の体系である」と説明している。Lee, Morgan (2021) "Christian Nationalism Is Worse Than You Think", *Christianity Today*, Jan. 13.

国の宗教とすべき」との意見については、「そう思う」「どちらかといえばそう思う」合わせて回答者の27％、「アメリカ人はキリスト教徒であるべきだ」は両方合わせて30％であった。

「アメリカは新しいイスラエルである」

キリスト教ナショナリストは、アメリカが神の寵愛（ちょうあい）を受けた特別な国であると主張する。アメリカに渡ってきたピューリタンたちはこの新天地を「新しいイスラエル」だと考えた。独立戦争も、独自の神の国をつくるための過程であったという。この問題は、キリストが再臨する際に、イスラエルが白人キリスト教徒が支配する土地でなければならないという観念と結びつき、したがって非白人を排除する論理にもなり、白人支配という点においてはユダヤ教徒にも相つうじる面がある。しばしばアメリカでのユダヤ教とプロテスタントとの結びつきが指摘されるが、その理由の一つにはこの問題がある。

初期の入植者たちは、自分たちの信じる宗教に従ってコミュニティをつくろうとした。彼らはイギリス本国での迫害を逃れてニューイングランドにたどりついたが、彼らが異なる宗派を迫害しなかったわけではない。したがって州あるいは地域によっては宗派ごとに形成された経緯がある。

独立の初期まで、コネチカットやマサチューセッツのように、会衆派を公式な宗教とし、異教徒には市民権を与えなかった州もあったし、ロードアイランドのようにいずれの宗教、宗派にも寛容であった州もある。しかし数十年で、すべての州が宗教の公認を打ち切った。南北戦争後の憲法修正第14条で、すべての国民に「法のもとでの平等」が保障され、州は適正な手続きなしに特定の宗教に「特権または免除」を与えてはならないと規定された。20世紀に入り、連邦最高裁は宗教の問題をふくむ修正第1条をめぐる多くの裁判で、州による公の布教を禁じ、宗教教育へ資金を出したり、公立学校での祈りを義務づけることはできないとした。したがってキリスト教徒は公的な場面において優位な地位を保障されるべきであるという考え方は最近まで衰退していた。しかし、白人キリスト教徒こそアメリカ文明の相続者であり、真の担い手であり、彼らこそがアメリカの設計者、最初の市民、その守護者であるとする思想はなくなることはなかった。それは白人教会、白人至上主義の団体、退役軍人組織、社交団体、保守派メディア、教育制度などをつうじて隠然あるいは公然と継承された。

人種差別の論理

キリスト教徒に特別の地位を与えるべきとの見解は、人種対立の色合いの強いアメリカという特殊な土壌においては、独自の差別意識をともなうものに変化した。その際の重要な要素が、「ナショナリズム」である。

ナショナリズム（nationalism）と愛国主義（patriotism）とはどう異なるか。ミラーは、愛国主義とは一般に自分の国を愛し、尊重することであるが、ナショナリズムは、その国のアイデンティティ――人種、言語、文化、風習など――によって他国と自らとを区別し、自らの優位性を主張する考え方であると説明している。

キリスト教ナショナリズムは、アメリカのアイデンティティの中心はキリスト教であり、キリスト教はその他の宗教的あるいは世俗的国家に優越すると考える。それは他宗教を排撃し、さらにはそれと本来のアメリカを構成する埒外（らちがい）にあった人種に対する差別に結びつく。

過去40年間に、アメリカでは非キリスト教徒の割合が増え、キリスト教徒はこの国に対する支配権を徐々に失ってきた。そればかりか、むしろ非難、迫害され、「われわれ」と「彼ら」という対立構造が強まりつつある。ここに彼らのステータスの危機意識がある。

ミラーは最近の著書で、この問題とトランプとの関連についてふれている。

「トランプは白人福音派のステータスの不安をよく理解しており、そこに訴えかける。福音派が高い投票率でトランプを支持するのは、彼らの社会的影響力が衰退し、トランプがそのためにたたかってくれると考えているからである[*7]」

キリスト教ナショナリズムとは、きわめて非合理かつ排他的なイデオロギーであるが、同時にそれはプロテスタントの白人至上主義であり、人種差別のイデオロギーにほかならない。キリスト教ナショナリズムを支持しているのは、圧倒的に白人のアメリカ人である。白人福音派のうち、キリスト教ナショナリズムを支持するのは64%もいるが、黒人は福音派のなかでも38%にすぎない。

この調査結果について、この十数年間の福音派の過激化を丹念に調べたジャーナリスト、ティム・アルバータは次のように記している。

「この結果が示すのは、キリスト教ナショナリズムのイデオロギーと人種差別、ゼノフォビア（排外主義)、ミソロジー(女性差別)、権威主義的、反民主主義的憎悪、および政治的暴力との結びつきである。最も注目すべき結果は、キリスト教ナショナリズムの白人の支持者の90%が、神はアメリカをヨーロッパ系キリスト教徒が支配する『新たな約束の地』だと答えていることである。これは回答者全体でみると、3分の1で少数派にすぎない[*8]」

「携挙」(Rapture)

さらに差別意識を助長するもう一つの要因が、その終末論である。ほとんどのキリスト教徒は、新約聖書テサロニケ信徒への手紙1にある「携挙(けいきょ)」(Rapture)という終末論を信じている。「Rapture」とは歓喜の意味である。それはキリストの再臨のときに、敬虔(けいけん)な死者たちが蘇り、信者とともに天に昇り、キリストと出会い永遠の生命を得るというものである。キリストが再臨するときには、イスラエルと同様、アメリカの地はキリスト教徒の土地でなければならない——これが彼らの信念である。

こうなると極端な選民思想となり、国内の人種問題のみならず、世界的な人種間対立のイデオロギーとさえなりうるし、実際の国際政治へのアメリカの関与のあり方からすれば、その可能性は高い。

さらに環境問題との関連である。アメリカの社会学者アーリー・ホックシールドは、携挙と環境破

＊7　Miller, Paul (2024) *The Religion of American Greatness: What's Wrong with Christian Nationalism*, IVP Academic, p. 203.

＊8　前掲＊3：Alberta (2023), p. 433.

壊に対する地元住民の意識との関連について鋭い考察を加えている。

ホックシールドが、ルイジアナの環境汚染地帯を実際に調査した結果から、彼女は、全国的にみても、有害物質にさらされるリスクの高い人ほどそれを心配せず、そういう人ほど、保守的な共和党支持者である確率が高いことをみいだし、彼らの終末論がこのパラドックスの一部を説明すると彼女は記している。大地が焼かれ、地球を千年後に浄化する。それまでサタンが暴れまわる。「神がご自身の手で修復なさるまでは神が最初に創造なさったようなバイユー〔南部の小川――本田〕をみることはないでしょう。でもその日はもうすぐやってきます。だから人がどれだけ破壊してもかまわないのですよ」とある住民が語ったことをホックシールドは紹介している。*9

共和党の政策綱領に書き込まれたキリスト教の擁護

キリスト教を嫌うもの、アメリカを好ましいと思わないものを排除する。そこには、キリスト教と愛国主義で純化されたアメリカをつくりたいという願望がみえる。宗教と人種問題で多様性を容認できない人々にとって、共存状態が敵対関係にみえ、自己を維持するためだけにも攻撃的にならざるをえない。こうした衝動は、すでに私的な領域を超えて、公的な領域に浸透しつつある。

2024年の大統領選挙を前に、共和党が発表した政策綱領のなかに目を引くものがある。

その第3章の移民問題に関する部分で、「共和党は、キリスト教を嫌う海外の共産主義者、マルクス主義者、社会主義者をアメリカから締め出すために現行の連邦法を適用する。わが国に入国する者は、わが国を愛する者でなければならない。われわれは、ジハード主義者やそのシンパが入国できないよう極端な審査をおこなう」とある。あたかも単なる平和運動参加者をも共産主義のシンパであるとして迫害したマッカーシーの時代のレトリックそのものであり、大政党の公式の政策文書であると考えると言葉を失う。

また「第9章　政府」の項目のなかに「反キリスト教的偏見とたたかう」という文言がある。「私たちは憲法修正第1条の信教の自由を擁護するものである」としつつ、その「信教の自由を守るため、共和党は反キリスト教的偏見とたたかう新しい連邦のタスクフォースを支持する。このタスクフォースは、わが国におけるキリスト教徒に対するあらゆる違法な差別、嫌がらせ、迫害を厳密に審査する」とはっきりと書いている。「厳密に審査」は原文では「extreme vetting」であり、訳し方を変えれば、「過激な」「極端な」といった意味である。これもまた中世スペインの「異端審問」かあるいは「非米活動委員会」のゾンビである。

この政策綱領がなにをめざすのか、だれに向けて書かれたものかは明らかである。キリスト教保守派の支持を固めるための明確なメッセージである。そもそも最近、キリスト教が違法な差別、嫌がらせ、迫害を受けたという事件や顕著な例は見当たらない。にもかかわらず、信教の自由をいいながら、なぜ特定の宗教のみを政府による保護の対象とせねばならないのか。

本来、政教分離には、政府が特定宗教を特別扱いしないという意味がある。アメリカは建国に際して、国家宗教を廃し、政府の特定宗教への支持を禁止した。憲法修正第1条には、「議会は、国教を

＊9　アーリー・ホックシールド『壁の向こうの住人たち――アメリカの右派を覆う怒りと嘆き』布施由紀子訳、岩波書店、2018年、75ページ、348ページ。

樹立し、あるいは、信教上の自由な行為を禁止する法律……を制定してはならない」という一節がある。この政策綱領は、修正第1条を擁護するといいながら、それを無視している。

以上のように、キリスト教ナショナリズムの政策は、聖書とはまったく無縁か、むしろ聖書と矛盾するものである。ミラーはいう。

「キリスト教は、過去において、奴隷制廃止、人種隔離反対などアメリカの実験に大きく貢献した。しかしそれはキリスト者たちが聖書の教えに従って公正を求めたためであり、キリスト教の力や文化を守るためではなかった。ここに通常の意味でのキリスト教の政治的関与とキリスト教ナショナリズムとの大事なちがいがある。普通のキリスト者の政治関与は、謙虚であり、愛情に満ち、自己犠牲をともなうものである。それはキリスト教が公の場で優先的な地位を占め、アメリカ文化のなかで支配的な場所を持ちつづける権利を主張するなどという観念をそもそも拒否する」[*10]

このような元来純粋な教義から派生したキリスト教ナショナリズムという異形のモンスターは、アメリカの根深い人種差別と憲法体制のせめぎ合いという特殊な環境のなかで形づくられた。その意味で、キリスト教ナショナリズムはアメリカ的なイデオロギーといえる。そしてまたトランプやキリスト教ナショナリストは憲法体制をも制約と感じ、その除去にいそしむであろう。

＊10　前掲＊5：Miller (2021).

2　アメリカの教育現場でなにが起きているか――「批判的人種理論」をめぐって

この間、アメリカのさまざまな州の学校現場で、人種問題の扱い方をめぐって激しい議論が起こっている。トランプ再選以前から、すでにルイジアナ州では、すべての公立教室に「モーゼの十戒」を掲げるという法律がつくられようとしていた（この法律は2024年11月初めに連邦判事によって差し止められた）。

また、オクラホマ州では、同州の教育最高責任者が、5年生から12年生の児童を対象とした授業計画に聖書を組み込もうとする動きがあった。

直近では2024年11月、テキサス州教育委員会は、公立学校の選択制の新カリキュラムのもとで、幼稚園から5年生まで聖書に基づく教育を認めることを投票で決定した。教材を使用するかどうかは任意であるが、使用する場合には補助金が支給されるという。

また聖書教育だけでなく、人種問題を扱った教育や関連書籍の図書館への配本などに反対するなどという事例が共和党優位の地方自治体で相次いだ。こうしたこの数年来の初等、中等教育における変化は、各地のキリスト教ナショナリストの活発な動きを表している。

「批判的人種理論」への攻撃――アメリカ版歴史修正主義

これまで歴史の授業で人種問題を扱う際には、「批判的人種理論」（Critical Race Theory）の視点が重視されてきた。その「理論」とは1970年代にデリック・ベルらロースクールの研究者たちが主張したものである。それはすなわち、アメリカの法律や制度は人種差別によってつくり上げられたものであり、白人の考え方が社会形成の柱となっている。人種差別は個人の問題というより、社会の構造的な問題だという学説である。[*11]

たとえば1930年代には政府機関が各地の居住者情報を公開したことによってゾーニングとよばれる居住をめぐる人種差別が強まった。今日では、犯罪者の収監率は人口比でみて黒人のほうが白人よりはるかに多く、麻薬の取り締まりも、黒人がより多く使用するクラック（蠟状のコカイン）のほうが、白人が多く利用する粉状のコカインよりも罪が重い、といったことなどがそのよく知られた事例である。

人種の視点はアメリカ史をみるうえで有効かつ不可欠であると思われるが、この数年間、共和党は同党優位の各州で、この「批判的人種理論」を教育に持ち込むことを法律によって禁止すべく運動してきた。

トランプ政権は2020年9月に、連邦機関や連邦と契約を結ぶ企業がこの批判的人種理論に基づいた研修などをおこなっていないかどうかを調べはじめた。トランプはこの理論を「非アメリカ的プロパガンダ」(un-american propaganda) とよんだ。これは明らかに2020年の黒人の権利を主張するBLM（ブラック・ライブズ・マター）やLGBTの運動に対する白人保守派の巻き返しを促す大号令であり、それを政治の争点とすることで、白人保守票を掘り起こす政治戦略であった。イギリス保守党政権もこの理論を教育現場に持ち込むことを禁じようとしていることから、この動きはある意味で国際的である。

2021年のバージニア州知事選では、共和党候補グレン・ヤンキン氏は、「民主党候補テリー・マコーリフへの一票は批判的人種理論への一票だ」とこの問題を利用した。

同州の共和党幹部は、「人種問題をどう教えるかは親が決めるべきであり、小学校高学年の生徒にアンドリュー・ジャクソン大統領がアメリカ先住民に対して暴力を振るったと非難させるような宿題を出すことなどとんでもない」と語った。しかし「バージニア州の歴史から人種差別の問題をのぞけば、教えることは年号ぐらいしか残らない」といった反対の声もあった。

この選挙を機に、批判的人種理論がメディアで大きく取り上げられるようになった。

そうしたなか、従来の教育における人種問題の取り上げ方の方法に対する内在的な反省もなされている。たとえば、教師が、「白人は独立志向が強く、有色人種は他人に依存しがちだ」「白人は抑圧的で、有色人種はつねに被害者である」といったステレオタイプを生徒に無意識にせよ、植えつけてきたのではないかといったことがそうである。

白人がつねに抑圧的で、罪深いと教えたとすれば、授業が白人の生徒やその親にとって耐えがたいものとなることは否めない。客観的な歴史認識を受け容れるためには、ある程度の見識に基づいた、加害責任に向き合う心理的な前提がなくてはならない。しかしすべての白人生徒がそうであるとは限らない。自己の尊厳のためには歴史から目をそむけたくなる生徒もいるであろう。必要なことは客観

＊11　デリック・ベル『人種主義の深い淵――黒いアメリカ・白いアメリカ』朝日選書、1995年。

的な歴史認識をつうじて人種相互の共感にたどりつくことである。批判的人種理論の否定は、そうした認識に進むことを妨げる。

「ビラヴド法案」

キリスト教保守派の親たちは、学校図書館の選書に対してもクレームをつけ、選書の権限を親に与える州法をつくらせようとしている。「性的に露骨な内容」をふくむ図書を生徒が拒むことを認めるというもので、その法案は「ビラヴド法案」とよばれた。

『ビラヴド』とは、ノーベル文学賞を受賞した黒人女性作家トニ・モリスンの作品で、奴隷制時代の黒人社会をヴィジュアルに描いた作品である。*12

しかし同書を読めばわかるとおり、それは奴隷制廃止前後の逃亡奴隷のコミュニティでの黒人男女の結びつきや白人との関係を繊細に描いた小説にすぎず、高校生が読むにふさわしくないといったものではない。むしろ積極的に読まれるべきである。次のようなみごとな一節がある。

白人は黒人の皮膚の下にはジャングルが潜んでいると信じた。奇声を上げるヒヒ、白い血を吸おうとする赤い歯茎。黒人は自分たちがどんなに人間らしいかを白人に納得させようとすればするほど、黒人の心のジャングルはますます深くなり、もつれてくる。だがそれは、黒人はかつての場所から持ち込んだジャングルではなかった。そこでは人間らしい暮らしができたのだ。それは白人が黒人の心のなかに種を蒔いたジャングルだった。

「そして、ジャングルは育った。広がった。生きているあいだは休みなく、死んだあとでさえ生い繁り、ついにジャングルは、種を蒔いた白人たちの心に侵入した。ひとり残らずすべての白人に感染した。彼らを変えて別人にした。血で汚し、分別を失わせ、さすがの彼らも望んでいなかったような非道な行為に走らせたので、自分たちが種を蒔いたジャングルに恐れおののいた。奇声をあげるヒヒは自身の白い皮膚の下に住んでいた。赤い歯茎は自分の歯茎だった」[*13]

同書は1987年全米図書賞、1988年ピューリッツァー賞を獲得し、さらに2006年の「ニューヨーク・タイムズ」紙において過去25年間で最も優れたフィクション第1位に選ばれるなど、社会的に高く評価された。

バージニア州の「ビラヴド法案」は民主党のテリー・マコーリフ氏が州知事であったときに拒否権を発動して立法化されなかった。2021年の州知事選ではこの拒否権発動が問題だとして共和党のグレン・ヤンキン候補が取り上げ、マコーリフ候補を攻撃した（のちにヤンキン氏が当選を果たした）。

かつてレーガン大統領の時代に共和党は「州の権限」（States' rights）を強調しはじめた。連邦政府は人種問題で州・地方政府よりもリベラルなので、それを嫌って州の裁量に重きを置くべきというもので、人種差別の容認の意味をふくんだものであった。それに対して、今回は、学校での「親の権利」（Parental rights）を主張している。教育内容については親が意見をいうことができるという趣旨である。

＊12　トニ・モリスン『ビラヴド』吉田迪子訳、ハヤカワ文庫、2009年。
＊13　モリスン、前掲＊12、402ページ。

しかし、これもまた人種差別を煽る新たな「犬笛」といわれている。「犬笛」とは、犬には聞こえるが、人の耳では聞き取ることができない音を出す笛で、転じて、特定の人々をターゲットに発信される暗号表現を意味する。共和党にとっての2021年バージニア州知事選の教訓は、この犬笛が効果的であったということである。

「トイレ・レイプ事件」

2021年のバージニア州知事選では、学校でのLGBT問題への対応についても、ある事件をきっかけに争点化されることとなった。*14

ことの起こりは同年6月にスコット・スミス氏という人物が地元の教育委員会に乗り込み、大騒ぎをして他の保護者に殴りかかろうとしたところを警察に逮捕され、10日間勾留された事件であった。その後、スミス氏は、その行為に及んだ経緯を「デイリー・ワイヤー」という保守系のウェブニュースのインタビューに答えて説明した。

それによると、彼の9年生(中学3年生に相当)の娘が学校のトイレで「スカートをはいた少年」に暴行されたという。スミス氏はトランスジェンダーなど性自認に基づくトイレ使用を許可する学校の政策は、男子生徒がトランスだということで女子トイレに侵入できるので、女子生徒を危険にさらすとの理由で、かねてから反対だった。

スミス氏にインタビューした記者は、その後、他のメディアで、「同教育委員会は他にもレイプ事件を隠蔽した可能性がある。それは民主党の性的多様性重視の政策を推進するためだ。スミス氏が逮捕されたのはそうした経緯を隠蔽するためだ」と述べた。結局、加害者とされた生徒は、足にモニター装置をつける条件での転校処分となった。

この問題は大きな話題となり、州知事選で共和党のヤンキン候補陣営は、「学校のことを決めるのは親の権利だ」と主張し、教育委員会、さらには民主党に対する父母の怒りを煽った。

しかし投票日が近くなったころ、少年裁判所でのスミス氏の娘の聴取から意外な事実が発覚した。少女は確かに被害を受けたが、この事件はトランス問題とは直接には関係のない一種のデートDVだったというのだ。

少女の証言によれば、少女と加害者とされた生徒とは同意のうえでの性交渉が過去に2度あったという。暴行されたその日、トイレを2人が落ち合う場所として指定したのは彼女のほうで、それは、少女によれば、話をすることだけが目的であったという。性交渉を求めた生徒に対し少女が応じなかったために、加害者とされた生徒が暴行に及んだというのだ。

さらに、他のメディアによると、性自認に基づくトイレ使用が認められたのは事件のあとの8月であり、校則の変更と暴行事件は関係ないこともわかった。つまり事件は、性的多様性に関する教育政策とは無関係だったのである。

だが事件をきっかけに始まった教育委員会たたきは、事実関係が明らかになったあとも、容易には収まらなかった。保守派はジェンダー平等、LGBTフレンドリーな政策を主張する教育委員会やリ

＊14　Goldberg, Michelle (2021) "The Right's Big Lie About a Sexual Assault in Virginia", *The New York Times*, Oct. 28.

ベラル派を非難しつづけ、選挙戦の争点として民主党候補への攻撃材料としてこの問題を利用しつづけた。

「学校選択制」

この数十年間、共和党は、学校選択制、チャータースクール、ホームスクール、教育バウチャーなどを教育政策として推進してきた。公教育は子どもにとって有害であり、教育を選ぶのは家族の権利であり、選択の幅を広げるべきだというのである。この学校選択制への志向はコロナ禍での長引いたオンライン授業に対する不満ともあいまって新たな広がりをみせている。

コロナ禍のもと、民主党の強い州では、オンライン授業や休校が比較的多かった。それに対し、保守的な親たちはむしろ学校再開を主張した。その親たちが独自の団体をつくり、学校再開を働きかけるという動きが全米で相次いだ。

こうした教育の場で起こっている事件は、政治的な意味を持つ。このような争点が前面に出ることによって、経済格差や貧困、雇用問題、環境対策、外交・軍事といった他の大事な争点がそっちのけとなるのである。しかしまさにこうした人種的憎悪を掻き立てることによる争点逸らしこそが、共和党とキリスト教ナショナリストらの戦略にほかならない。

3　人種問題――イザベル・ウィルカーソン『カースト』を読む

世界史のなかの人種差別

自らも黒人であり、ピューリッツァー賞の受賞者でもあるジャーナリスト、イザベル・ウィルカーソンの著書『カースト――アメリカに渦巻く不満の根源』（2022年）をひもとくことによって、アメリカの黒人差別の問題を考えてみたい。[*15]

インドのカースト制度、ドイツのユダヤ人迫害と対比させてアメリカの人種問題の実相にせまるというのが本書のモチーフである。

はじめにウィルカーソンは、人種迫害の歴史を学ぶことの意義について次のような印象深い言葉で語っている。

「歴史の下になにが隠れているかを知ることは、自分の家系の病歴を知るのと同じ。選択肢や治療法を学ぶことによって対策を講じ、危険を避けることができる」[*16]

＊15　イザベル・ウィルカーソン『カースト――アメリカに渦巻く不満の根源』秋元由紀訳、岩波書店、2022年。
＊16　ウィルカーソン、前掲＊15、15ページ。

差別された経験、あるいは差別した経験がないとしても、その人は自らの国の歴史を知る必要がある。なぜならそれは過去の経験から、犯す可能性のある誤りを知り、現実に存在する差別をなくし、将来、同じ誤りを繰り返さないためだというのだ。

カーストの語源はポルトガル語の人種、血統を意味する「カスタ」による。[*17] インドのカースト制度は紀元前にさかのぼるが、歴史家によると西洋において人種を理由にした差別は15世紀以前には存在しなかったという。ローマ帝国ではさまざまな民族が個別的に存在し、「人種」という集合的なまとまりではとらえられていなかった。

ヨーロッパ人は、「白人」ではなく、ローマ人であり、ケルト人であり、ガリア人であった。アフリカ人は「黒人」ではなく、それぞれイボ人、ヨルバ人、エウェ人、アカン人であった。それが大航海時代以降、近代の入口で「白人」「黒人」といった人種としてみられるようになったとウィルカーソンはいう。

ヨーロッパ人が「白人」になったのは新世界の形成過程においてであった。スウェーデンから来ても、アイルランドから来ても、アメリカの地では「白人」という集合名詞でよばれる。つまり人類は自分たちのアイデンティティを失って、もはや「だれも本当の自分ではなくなった」のだ。[*18]

ナチスのホロコーストとアメリカの人種差別

ヒトラーはアメリカの人種差別を注視していた。ヒトラーの『我が闘争』のなかには、アメリカの人種問題への言及がしばしば登場する。ネイティブ・アメリカンの居留地への隔離、１９２４年移民制限法、人種間婚姻禁止法など、アメリカの人種差別、移民排斥法を眺めながら、彼は、「アメリカはかくも差別を行っていながら、世界的な評判を維持しているのはなぜか」「なぜユダヤ人は有色人種とみなされなかったのか」と問うた。[*19]

1935年、ナチスはユダヤ人の市民権と婚姻を制限する「ニュルンベルク法」を制定する。それが策定されたのは、ジム・クロウ法が支配し、リンチが横行していた当時のアメリカの人種差別の慣習を参照し、なにがどこまで許されるのかをつぶさに考えたうえでのことであった。

アメリカでは当時、およそ30州で黒人との婚姻や性交を禁止する法律があった。その際、黒人の定義として用いられた基準は、先祖に黒人が一人でもいると、その人は黒人だという「一滴規定」(one drop rule) とよばれるものであった。ところが、その規定をユダヤ人に当てはめると、ユダヤ人の範囲があまりに広すぎることが判明したため、ナチスはドイツでは、祖父母の3人以上がユダヤ人であるか、または2人でユダヤ教を実践するものをユダヤ人と規定せざるをえなかった。[*20]

つまりナチスの人種差別には、アメリカというモデルがあり、当初、ヒトラーはそのモデルの範囲内で国際的な批判を回避しつつユダヤ人を差別的に扱おうとしたのだ。

ウィルカーソンは、次のようなエピソードを紹介している。

＊17　ウィルカーソン、前掲＊15、74ページ。
＊18　ウィルカーソン、前掲＊15、56ページ。
＊19　ウィルカーソン、前掲＊15、92ページ。
＊20　ウィルカーソン、前掲＊15、94ページ。

1944年春、16歳のアフリカ系アメリカ人の少女が、ヒトラーがどんな目に遭うべきかを考えた。彼女は次のように書いてエッセイコンテストで優勝したという。「ヒトラーの肌を黒くして、残りの人生をアメリカで送るようにすればいい[*21]」。

アメリカ人種問題の研究で有名な政治学者アンドリュー・ハッカーが1990年代にニューヨーク、クィーンズ・カレッジで、白人学部生に、「これからの50年を黒人として生きるとしたらいくらもらうべきか」と問いかけた。すると大半の学生は、5000万ドル（年100万ドル）と答えた。ハッカー教授はいう。「黒人と認識されれば直面する差別や危険からの保護料としてそれだけ必要と白人は考えたのだ[*22]」。

「人種問題化された経済」

白人の労働者階級の経済状態は、黒人のそれと同様に企業優先の論理によって抑え込まれているのであるが、白人は黒人と連帯するよりもむしろ黒人を差別する側に立つ場合が多い。それはなぜか。ウィルカーソンは、カースト制度の維持が長期的な利益になると労働者階級の白人が考えているからであるという。つまり人種的分断を持ち込むことによって経済問題が人種問題化されるのである。

「ヒエラルキーが持つ長期的利益を守るために、短期的な不都合を受け容れ、医療保険なしに済ませ、水や空気が汚染される危険を冒し、場合によっては死をも厭わない人もいたのである[*23]」

自らのステータスの危機に怯(おび)え、公民権法体制に抗おうとする白人層の心理とはそのようなものだ。

しかしそうではない「白人」もいる。相対性理論のアインシュタインは、1932年12月にドイツを逃れ、アメリカに移住する。彼はアメリカ各地をまわるにつれて、アメリカにいかに深刻な人種差別がはびこっているかを目の当たりにし、ショックを受ける。「自分が人種差別に加担しているという感覚から逃れるには、それについて声をあげるしかない」とアインシュタインは述べた。

アインシュタインは、リンチ殺害を止めるための運動に加わり、「全米有色人種地位向上委員会」(NAACP)に参加した。彼は当時、いくつもの大学から寄せられる学位授与のオファーのほとんどを辞退していたが、黒人大学であるペンシルベニアのリンカン大学では学位を受け取った。同大学の卒業式の式辞で、アインシュタインは、「人種隔離は有色人種の病ではなく、白人の病です。私はそれについて黙っているつもりはありません」と演説した。*24

最後に、ウィルカーソンは、「ラディカルな共感」ということを強調している。それは要するに、他者の経験をその人の観点から理解すること、他者が不公平に扱われているのをみたときに行動する道徳的義務を感じることである。人種やセクシュアリティの多様性を容認するだけでなく、積極的に支持することの必要性をウィルカーソンは訴える。*25

*21 ウィルカーソン、前掲*15、183ページ。
*22 ウィルカーソン、前掲*15、348ページ。
*23 ウィルカーソン、前掲*15、369ページ。
*24 ウィルカーソン、前掲*15、426ページ。

アメリカとナチスとのちがい

以上が『カースト』の内容のエッセンスである。広い歴史的視野に人種問題を位置づけ、ユーモラスな挿話を交えて物語を教訓化するみごとな作品である。

本書に若干の考察を付け加えるとすれば次のとおりである。

一つは、ヒトラーのいう「アメリカはかくも差別を行っていながら、世界的な評判を維持しているのはなぜか」という問いに関連して、ドイツとアメリカのちがいは、アメリカは先住民や黒人を分離する時間的長さ、空間的余裕があったが、ドイツはそうではなかったということである。

アメリカで先住民は居留地に早くから追いやられているし、黒人は奴隷解放後も多くは貧困地帯に集住している。さらに裕福な白人がコミュニティからの流出 (white flight) する結果として分離撹拌(かくはん)が進んだ。そのプロセスは長期にわたった。ナチスと比較すれば、アメリカの隔離政策が比較的穏便なものとみなされることにはそうした時間的な理由があったであろう。

それに対して、ナチスは1938年、アフリカ南東部沖のマダガスカル島へのユダヤ人の移送を計画する。しかしそれが不可能とわかると、今度は、ユダヤ人をポーランドなど占領地のゲットーに隔離し、労働力として利用しようとした。しかし第二次世界大戦開始後、1941年6月、ソビエトとの戦争(「バルバロッサ作戦」)が始まると、収容したユダヤ人をもてあまし、1942年1月の「ヴァンゼー会議」において絶滅収容所の建設を決定する。つまりアメリカのモノマネの人種隔離政策が、第二次世界大戦のソ連との対抗という文脈で恐るべき奇態となり、最終的に600万人ものユダヤ人の殺害となったのである。ナチスがおこなったそうした数年の短期間での集約的なジェノサイドは、

300年のあいだにおこなわれたアメリカ的な人種差別のあり方とはまったく異なったといえる。

人種差別の国営化

時間的な問題と並ぶもう一つのちがいは、人種差別の「国営化」である。ウィルカーソンも援用しているイェール大学の法学者ジェイムズ・Q・ウィットマンは、ナチスの法学者たちが、アメリカのジム・クロウ法をつぶさに調べ上げ、それを参照してニュルンベルク法をつくった過程を詳細に検証している。そのうえで、ドイツとアメリカは同様の人種差別を内包した社会であるとし、その現れ方のちがいに注目している。[*26]

ニュルンベルク法が必要とされたのは、ナチスの急進派が街頭でユダヤ人を襲撃し、それが対外的にも目に余るほどにエスカレートしたため、その代替として、国家が公式の迫害に乗り出さざるをえなかったとウィットマンはいう。「ニュルンベルク法は街頭での過激な暴力に対処するかたちで公布された」。[*27]

こうした経緯から、ドイツでは国家が公式にユダヤ人迫害に乗り出し、人種差別が国家機構丸抱えのプロジェクトとならざるをえなかった。ナチス・ドイツが「アーリア人の優位」をことさら強調す

＊25　ウィルカーソン、前掲＊15、435―436ページ。
＊26　ジェイムズ・Q・ウィットマン『ヒトラーのモデルはアメリカだった――法システムによる「純血の追求」』西川美樹訳、みすず書房、2018年。
＊27　ウィットマン、前掲＊26、93ページ。

る露骨な人種主義の政治体制とみなされる一つの理由はここにあった。結果として、600万人のユダヤ人を殺害したドイツが、人種差別の典型事例として記憶され、アメリカの黒人や先住民に対する差別は相対化された。逆に、アメリカには、奴隷制の廃止、公民権法の拡充によって人種問題の解決に取り組むという進歩的な歴史的流れが建前にせよできあがったのである。

しかしその裏面で、アメリカでは、人種差別はかたちを変えて生き残った。この国では、奴隷解放後もリンチの件数は減るどころかむしろ増加し、1933年から35年にかけての増加は顕著であった。ローズヴェルト政権は、人種差別を黙認し、その代わりに南部民主党からのニューディール政策への支持を取りつけるという一種の政治的交換を図りつづけた。したがって表面的にはリベラルな政治体制とみなされながら、人種差別はなくならなかった。

現在、アメリカ黒人の多くは、世論調査において、アメリカでは、収監制度、警察の取り締まり、司法制度、政治制度、経済制度、医療保険制度などの領域で制度的な人種差別が存在すると答えている。[*28] 人種差別はなおも深く広く社会制度の全般に浸透したままである。

人種的緊張関係と社会統合

さらにもう一つ付け加えたい点は、人種問題と社会統合との関係である。

ある集団を差別的に取り扱うことが、その他大勢にとってどうみえるか。ウィットマンは、ユダヤ人差別が一般のドイツ人にどのような心理的影響を及ぼしたのかを次のように述べている。

「ナチズムがドイツの大衆に誓ったのは、彼らの立場を一律に引き上げること——つまりナチスによって人種的ドイツ人と定義されたものは、全員がドイツ社会の高位のメンバーとみなされると確約したのだ。もはや社会は高貴なドイツ人と平民のドイツ人に分けられることも、主人のドイツ人と従者のドイツ人に分けられることもない。今やドイツ人であれば誰もが、ただ支配的人種に属するという美徳によって、支配者階級の同等のメンバーとみなされるのだ。その意味で、ナチスの『国民革命』は徹底した平等主義的な社会革命であった」[*29]

アメリカでは現在、日常的に人種差別があり、移民やブラック・ライブズ・マター（Black Lives Matter：ＢＬＭ）の運動が排撃の対象となる。それには、本質的にナチスがおこなった国民統合と似た効果がある。白人労働者層の潜在的な人種的優越性の感情を刺激することで対立を煽り、真の利害対立から彼らの目を逸らし、「恐怖と怒り」を運動に変えること——ここに現在の人種差別の意味がある。劣悪な経済環境に置かれた白人層さえも、トランプやイーロン・マスクなど有力な勢力と自己を同一視することができる。ＭＡＧＡ運動への参加者は、フットボールのチームを応援するファンのような一体感を感じる。

しかしこの一体感のためには、敵対する相手が必要である。その対象が、支配的なエリート層であ

＊28　Cox, Kiana (2024) “Most Black Americans Believe U.S. Institutions Were Designed to Hold Black People Back”, Pew Research Center, Jun. 15.
＊29　ウィットマン、前掲＊26、１５４ページ。

り、民主党であり、人種的、性的マイノリティである。

人種差別は社会全体に絶えず緊張をもたらす。日常生活の細かなことがことごとく人種的意味を持ち、それを絶えず嗅ぎ分けながら生活する。政治、宗教、教育、文化、エンターテインメントなど多くのことがらが人種を軸に動くのが人種差別社会であり、この点が他のアングロサクソン諸国とも異なるアメリカ的特殊性といえる。ウィルカーソンが紹介している、16歳の黒人少女や、ハッカーの学生の逸話は、アメリカ社会に日常的に横たわる人種差別の根深さを示すブラックジョークである。

「恐怖と怒り」は、人種に関連する社会問題が報道されればされるほど、増幅される。いまではその情報がSNSによって指数関数的な乗数効果をともなって広がる時代である。

ヒトラーは、アメリカと同様の人種的緊張関係を生み出すことで、ナチスによるドイツの国民統合がスムーズにおこなえると信じたが、結局はその緊張関係を最終的には制御できなかった。トランプによって、今度はアメリカがナチスのあとを追う番になるかもしれない。

コラム 1

権威主義システムのディストピア
――アトウッドとエル＝アッカドを読む

過去の単純な延長でない非連続的な事物の変化を「非線形的」とよぶ。グラフの線が折れ曲がった状態である。非線形的な変化の説明は、線形的な場合よりもより複雑な説明が必要であり、そうした分野は政治学や経済学の専門家よりも、小説家が得意とする領域である。いま非現実的なはずのディストピア小説が奇妙な現実味を帯びて注目されているのはそのためである。「トランプ的なもの」を支える原理主義、陰謀論、環境破壊をめぐるイデオロギーとその帰結を作家たちはうまくとらえている。

マーガレット・アトウッド『侍女の物語』

カナダの作家、マーガレット・アトウッドの小説『侍女の物語』[*1]は1985年に世界的なベストセラーとなり、アーサー・C・クラーク賞などを受賞した。映画やドラマにもなり、第一期トランプ政権の誕生にともなって再び注目されてきた。Qアノンなどが話題になるたびに、新聞記事などでもさかんに取り上げられた。

＊1　マーガレット・アトウッド『侍女の物語』斎藤英治訳、ハヤカワ文庫、2001年。

ネタバレしない程度に内容を紹介するとこうである。

アメリカの議会議事堂が襲撃され、クーデターが起こり、アメリカの一部がキリスト教原理主義の軍事的神権国家、「ギレアデ共和国」となった。ギレアデは周囲と戦争し、国内では厳格な宗教戒律に基づく位階制度を敷いた。白人の出生率の増加に取り組み、女性は男性との関係で「妻」「便利妻」「侍女」「保護者」「小母（おば）」「女中」といった位階制的役割を与えられる。これまでの世俗的な享楽はいっさい排除される。女性は、「禁欲と精液と赤子を入れる卑しい器」にすぎないと教育され、文字を読むことも許されない。

市街地では、「目」とよばれるスパイ組織が市民を監視し、かつて中絶の手術をおこなった経験のある医師たち、姦通した女性、反逆者らが公開処刑され、その刑を免（まぬか）れたものも放射能や化学物質の汚染にまみれた廃棄物処理の作業現場「コロニー」に送られる。

主人公は、「司令官」の子どもを産むことだけを役割とする「侍女」、いわば側室である。かつて大学寮であった宿舎で厳しい戒律と監視のもとで暮らす彼女は、クーデター以前の生活を取り戻そうとレジスタンス運動に関わる――。

アトウッドがこれを書いた1980年代半ばといえば、レーガン政権の最盛期である。ニクソン政権以来、アメリカ共和党が追求した「南部戦略」(The Southern Strategy)、つまり南部バプティスト連盟など宗教右派を味方につけ、人種問題で南部白人中間層を煽り、彼らを民主党支持から共和党支持に寝返らせる系統的かつ地道な運動が、共和党ロナルド・レーガン政権の成立というかたちで結実した時代であった。

この変化を支えたイデオロギーは、レーガン大統領の新自由主義、つまり民主党の所得再分配政策に対して反福祉を掲げた政策だけではない。宗教右派は、人工妊娠中絶反対、家族の価値の重視、銃規制反対、移民規制強化など文化的な争点を前面に打ち出したキリスト教ナショナリズムのイデオロギーを掲げた。これら一見非政治的な争点には、真綿で針を包むように、いずれも人種的意味合いが込められている。アトウッドの小説に黒人やヒスパニック、アジア系は直接には出てこない。むしろ隠されている。つまり、この小説には、保守派の争点の追求の極限で白人にとってもおぞましい政治体制ができあがるという皮肉が込められている。

原理主義国家のその後――マーガレット・アトウッド『誓願』

『侍女の物語』から35年を経て書かれた続編が『誓願』[*2]である。本書はブッカー賞を受賞している。前作が、ある侍女の語りで構成されたのに対し、本作は3人の視点から物語が描かれる。一人は、支配中枢にまで登りつめたリディアである。前作の主人公の小母であるが、じつは神権政治に対する批判派であった。彼女は裁判官であったが、クーデター後に転向をせまられ、その後、手荒な弾圧に手を染め権力の階段を登りながら、密かに手記をつづる。2人目は、「司令官」の娘アグネス。女たちの生活に違和感を持つ彼女は、友人ベッカとともに「妻」となることを拒否し、「小母」として生きていく決意をし、リディアのもとで教育を受ける。3人目は、カナダ

＊2　マーガレット・アトウッド『誓願』鴻巣友季子訳、早川書房、2020年。

で暮らすデイジーで、彼女はレジスタンス運動家の両親に育てられるが、両親が殺害されたのち特別の任務を帯びて神権国家ギレアデに潜入する。

ギレアデができた直接の背景は、それまでのアメリカの自然災害の多発、原発問題、失業問題、出生率の低下などであり、原理主義者はその責任を既存の政治勢力に押しつけてクーデターを成功させた。クーデター時に抗議参加者がスタジアムに集められる模様などは、1973年のチリ・クーデターを彷彿とさせるものであり、処刑のシーンなどは迫真に満ちている。リディアが支配層への忠誠を誓うのはそこにおいてである。

できあがったギレアデの政治は息も詰まるような窮屈な政治体制であり、女性たちは、結婚と出産をなによりも優先する戒律に縛られ、嫉妬、いがみ合い、密告のなかで暮らしている。支配層は性的にも腐敗堕落し、国内の監視と弾圧は強まる。3人の物語が結びついて展開されるクライマックスはスリリングで、エンターテインメントとしては前作を上回る。

ここで描かれるキリスト教原理主義の支配体制は、いわばイスラム原理主義や北朝鮮の政治体制とほぼ同じものである。つまりアメリカが戦後に直接的もしくは間接的に対峙した歪んだ政治体制が、アメリカそのものの上に築き上げられたのである。しかもその素材となるものはことごとくアメリカ自身のものである。

環境問題が生む「第二次南北戦争」——オマル・エル＝アッカド『アメリカン・ウォー』

もう一冊取り上げよう。オマル・エル＝アッカド『アメリカン・ウォー』[*3]である。トランプの時代になって書かれたもので、一言でいえば、環境問題を争点に再び「南北戦争」が起こるというフューチャー・ヒストリーである。

主人公の少女サラ・チェスナットは、温暖化のために水面の上昇したアメリカ南部、ミシシッピ川のほとりで家族とともに暮らしている。化石燃料の使用を禁止する「持続可能な未来法」に反対する「自由南部諸州」（ルイジアナ、アーカンソー、ノースカロライナ、テネシー）が独立を求め、2074年からアメリカ政府と交戦状態に入った（「第二次アメリカ南北戦争」）。アメリカ政府は中国とアフリカから持ち込まれる物資に頼っている。戦争は長期化し、南部の戦闘はゲリラ化する。サラも武装組織に加わる――。

エジプト生まれの作者が描くのは今日のイラクやアフガニスタン、パレスチナと見紛うばかりの紛争地帯と化した南部アメリカである。アメリカと紛争当事国の立場が入れ替わった転倒した世界を提示することによって、現在の中東での紛争がいかに耐えがたいものであるかを告発しているとも読める。

きっかけがなんであれ、ある国の存立する内部的な均衡が乱されたときに、その国の歴史がまったく思わぬ経路をたどり崩壊にいたるというのは、先ほどのアトウッドの作品と同様であり、これが環境問題を軸にアメリカで起こったという想定である。

トランプが第一期目の就任直後におこなったことは、エネルギー省長官や環境保護局長官に温

＊3　オマル・エル＝アッカド『アメリカン・ウォー』上・下、黒原敏行訳、新潮文庫、2017年。

暖化否定論者を起用し、温暖化対策の枠組みである「パリ協定」からの離脱、国内を縦断する巨大パイプラインの建設にゴーサインを出すことであった。この作品はこうした政権の誕生がもたらした政治状況の変化を反映している。

前近代へと退化するアメリカ

キリスト教原理主義の教義と環境問題という共和党とキリスト教ナショナリストが持ち込んだ政策争点は、アメリカ社会に大きな亀裂を生んでいる。宗教保守派の中絶反対は、家族の価値を強調する流れから出てきたものであるが、それは裏を返せば、婚外出産や離婚の割合が高い黒人などマイノリティに対する批判が込められている。人種問題は政治的色合いを帯びる。

Qアノンの陰謀理論では、社会現象だけでなく、自然現象までもが敵対的な少数集団の利益や思惑で動いているとみなしている。悪魔崇拝の小児性愛者の陰謀団体が戦争や不況、自然災害、選挙結果の捜査を意図的に生み出しているというのが彼らの主張である。際立った善悪二元論で、彼らは敵対するものを排除するためには暴力をも辞さない。

こうしたイデオロギーは、白人至上主義者、ネオナチ、ファシストの隠れ蓑であるだけでなく、企業にとっても好都合である。社会に渦巻く不満を解決するために、バーニー・サンダースら左派が主張する大幅な賃金の引き上げ、包括的医療保障、教育ローン債務の免除などといった政策をとるのではなく、それらに反対し、むしろそれらを攻撃する。トランプ再選は、ディストピア小説のリアリティを浮き立たせるといってよい。

第3章　経　済①——歴史的パースペクティブ

「権威主義的ナショナリズム」の基底には経済問題がある。経済の問題は、数十年、百数十年というスパンで堆積した問題と、その問題のうえで生起する短期、中期的な現象とがある。両方を分析的にとらえることが重要であるが、それには長い説明が必要である。本章と次章では経済問題の長期と短期の概略を示したい。また考察に際して、おのおのの時代の経済学がどのように事象をとらえようとしたのかについて留意したい。同様の理論的着想がわれわれにとっていかに有益なものであるかは行論にしたがって明らかとなるであろう。

本章第1節、第2節では、長期の経済の問題を19世紀の長期不況との対比でとらえ、第3節では、現在の長期停滞の傾向がどのようなものであり、将来的にどのような可能性があるかについて考察を加える。さらに第4章第1〜5節で短期、中期的な問題をマクロ政策の視点から論じ、現在の経済的リスクの所在を探る。そのうえで、第4章第6節で、現在の経済問題の解決につながる代替的政策を提示する。

1　19世紀の経済停滞と経済学

2つの変曲点

19世紀末から今日までの主要先進資本主義諸国の経済成長率の変化を俯瞰（ふかん）すると、20世紀半ばをピークとする大きな山型をしていることがわかる。

図表3―1は、アメリカ、イギリス、ドイツ、フランス、日本の5か国の経済成長率をみたものであるが、19世紀の長期停滞と世紀末の大不況期を経て、それら諸国の実質経済成長率は上昇過程をたどるが、2つの大戦とそのあいだの大恐慌の時期に落ち込む。そして、その後に大きな成長の山が現れる。しかしそれも1960年代のピークをすぎると1970年代初頭以降に大きな反転傾向が現れ、今日の長期停滞にいたる。したがって全体をみると、富士山を北東側の山中湖あたりからみたような形状になっている。現在の経済成長率はじつに19世紀末を下回る水準であり、それはかなり長期的なものであるといえる。

図表3―2は同じ5か国の長期金利（10年国債）の水準である。1970年代のインフレの時期は例外的に突出しているが、それをのぞいては、経済成長率とパラレルに推移している。これも全体的には、経済成長率と同じかたちの富士山である。金利というのは、実体経済への投資に対する見返りを表すため、経済成長率を若干上回った水準で変動する傾向がある。したがって、現在、金利も19世紀末以下の歴史的な水準に落ち込んでいる。現在の金利には強い下方圧力が働いていると考えてよい。

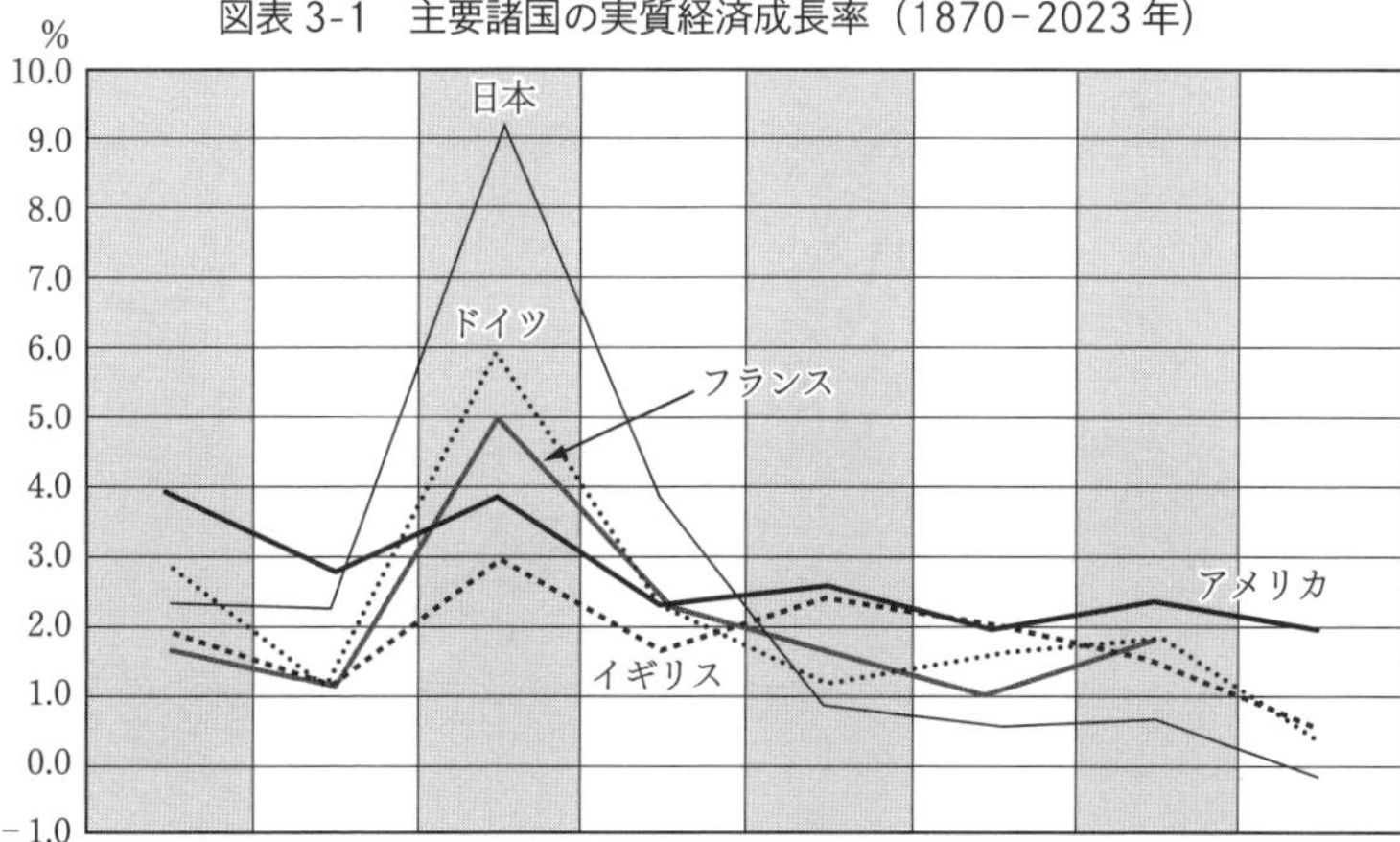

図表 3-1　主要諸国の実質経済成長率（1870−2023年）

（出所）Angus Maddison (1995) *Monitoring the Would Economy 1820-1992,* OECD, p. 41:*Regions at a Glance 2013,* Figure 2.15: *OECD Employment Outlook 2016,* Table 1.A1.1.: Federal Reserve Bank of ST. Louis (2016年以降) より作成。

こうした歴史的推移をみると、変曲点は２つである。第一は19世紀末のいわゆる「大不況期」の停滞からその後の経済成長への転換、第二は20世紀半ばの経済成長から長期停滞への転換である。

以下、これら時期に焦点をあてて、現状の歴史的位置を明らかにする。また同時に、各段階の特徴的な経済理論を取り上げ、それらから今日にも有益な理論視点を得たい。

19世紀半ばの停滞傾向——成長率と金利の低下

第一期（１８２０—１８７０年）は、ヨーロッパでは１８１５年にナポレオン戦争が終わり、18世紀に相次いでなされた紡績と蒸気機関の技術革新（第一次産業革命）の効果が徐々に現れはじめた時期であり、アメリカでは１８３０年代のジャクソニアン・デモクラシーの時代から南北戦争（１８６１—65年）を経て産業革命が始まるころで

図表 3-2　10 年国債利回り（1960-2022 年）

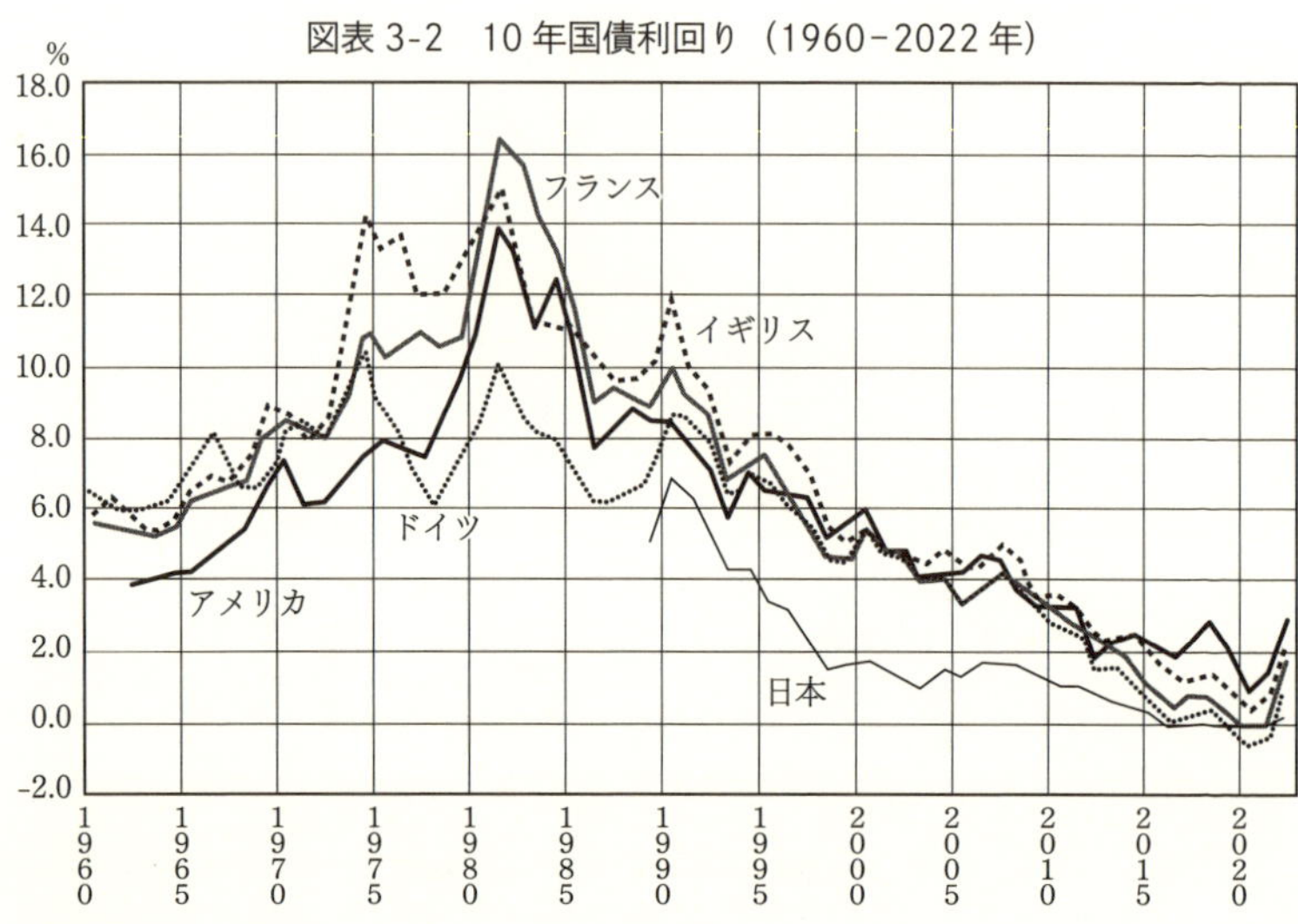

出所：Federal Reserve Bank of St. Louis Economic Data より作成。

ある。

このころまでに蒸気機関は改良を重ね、コンパクト化され、鉄鋼業、鉄道、造船に応用される。また電信技術や化学工業も発達した。技術は大陸ヨーロッパへと伝播し、そしてアメリカの工業化をもたらした。多くの国で私企業の営業の自由、生産要素の自由な移動、ギルドの廃止、自由貿易、高利禁止法の撤廃、教育制度の整備がおこなわれた。

しかしこの時代、アメリカをのぞいていずれの国も成長率は低い。イギリスでは、労働者の大多数のあいだでの驚くべき貧困、過酷な労働環境のため国内市場は制限されていた。今日の経済史学者たちは、19世紀前半のイギリスで顕著な経済成長率の上昇が起こらなかったのは、18世紀後半に始まるイギリスの技術革新がイギリス経済全体の成長率を引き上げるのには長い懐妊期間が必要だったからだと考えている。*1 イギリスの資本家たちはこうした成長率の低位を埋め合わせるためにより収益性の高い海外市場へ進出し、これがいわゆるギャラガーとロビンソンのいう「自由貿易帝国主義」（途上国に対する経済的支配と政治的支配の組み合わせ）の一時代をつくり出した。

フランスは、大革命の時代に貴族と封建領主から土地を取り上げ、農民に分配した国であったが、その後の産業の発展によって国民はむしろ疲弊し、ナポレオンの時代に28歳であった平均寿命は1840年代には20歳になり、まともに子どもが育たないというあり様であった。ドイツは君主制を残したまま、労働運動や社会主義運動を弾圧しながら工業化を推し進めた。

この時期のヨーロッパの実質経済成長率は18世紀と比較してもさほど高くなく、2％程度もしくはそれ以下にすぎなかった。こうした基調を反映して金利も低水準で推移した。イギリスの長期金利（永久債券コンソルレート）は3％を超える程度で低落傾向にあった。

ジョン・スチュアート・ミル

この時代の低い経済成長率と金利について、最も体系的な説明を与えたのはジョン・スチュアート・ミルの『経済学原理』であった。この著作は初版が1848年、第8版が1882年に出版さ

＊1　ノースウェスタン大学の経済史学者ジョエル・モキイルは、当時の技術革新は、綿織物工業を中心に労働者一人あたりの生産性を大きく増加させたが、綿織物工業は経済全体のごく小さな部分を占めるにすぎなかったと説明している。Mokyr, Joel (2005) "The Intellectual Origins of Modern Economic Growth", *The Journal of Economic History*, 65 (2), pp. 285–351.

れている。これはアルフレッド・マーシャルの『産業経済学』（１８７９年）、『経済学原理』（１８８２年）が登場するまでのあいだ、経済学の最も基本的なテキストとしての地位を占めた書物であったといわれる。

経済停滞に関するミルの主張の要点は次のとおりである。

第一に、資本の増加と社会の技術進歩は全般的に価格を下落させるが、地主階級が自己の利益のために穀物価格を引き上げるので、労働者の賃金は他の商品と比べて相対的に上昇する。これによって利潤あるいは利潤率は下落し、最終的に経済は「停止状態」(stationary state) にいたる。[*2]

経済学においては、市場メカニズムの作用によって、「一般的過剰」による需要不足は時間とともに収束し、資本が適切に配分されればセイ法則に従って投資は需要をみいだすことができると考えられた。しかし実際には新たな資本が投資先をみいだしえず、静止状態に陥る。なぜならばそれは、市場機能の働き以上に、資本の増加と利用が価格と利潤率の急激な低下を招くからである。[*3]

第二に、利潤率の最低限を規定する要因は、将来の一国の経済状態に対する「期待」と、産業上の「リスク」である。発達した諸国においては法的秩序が整っており、戦争や破壊の可能性が小さいので、リスクは小さい。逆に途上諸国では高い。前者は１〜２％、後者は20〜30％ということもありうる。

「リスクの減少と将来に対する考慮の増大とによって、今日のイギリスでは３％または４％の利潤あるいは利子が、ビルマ帝国における、あるいはジョン王時代のイギリスにおける30％または40％のそれと同じように、資本の増加に対する十分な動機となっているのである[*4]」

第三に、投資先の欠如は、必然的に資本の破壊と投機、さらに資本輸出をもたらす。「この投機は、それにつづく反動とともに、おびただしい分量の資本を破壊し、あるいは外国人の手に移転して、かくして利子と利潤との一時的な騰貴をもたらし、新しい蓄積の余地をつくり、そしていま一度同じ循環が開始される」[*5]

「停止状態」の持つ可能性

このように、ミルの理論は、単純な過少消費説とも古典派的な均衡理論とも異なる独自の停滞理論といってよい。ミルにとって、停止状態は人間的進歩の停止を意味しない。停止状態においても、精神的、道徳的、社会的進歩はつづき、技術革新も起こる。産業上の改善は労働時間短縮に用いられ、さらに女性の労働市場への参加をも可能にする。また、富と人口の増大が地球の容量を超えた場合に

＊2　イギリスの経済史家ハバクックは、「技術進歩の恩恵は製品価格の引き下げというかたちで全般的に消費者にバラまかれた」と指摘している（Habakkuk, H. J. (1962) *American and British Technology in the Nineteenth Century: The Search for Labour Saving Inventions*, Cambridge University Press, p.53)。物価が安くなったことで労働者は実質賃金の上昇の恩恵に与る。賃金は一般物価と比べて下落しにくい、つまり今日の用法でいえば、下方硬直的である。

＊3　ジョン・スチュアート・ミル『経済学原理』末長茂喜訳、岩波文庫、1961年、第4分冊、76ページ。

＊4　ミル、前掲＊3、73ページ。

＊5　ミル、前掲＊3、81ページ。

は、むしろ停止状態こそ望ましい。ミルはこのように述べることによって、停止状態が人間的進歩にとって多面的で積極的可能性を持つと主張しているのである。

とくにミルが注目するのは、資本蓄積の結果生じる経済格差問題の解消である。物価の下落はすべての労働者に均等に恩恵を与えるわけではない。労働者の上層はそれによって生活水準を向上させるが、下層の労働者はそうではない。資本家は、低下する利潤に対して、新しい機械を導入するか、あるいはまた投機的に資源を利用することで乗り切ろうとし、それらのコストを労働者の弱い部分にしわ寄せしようとするであろう。ミルは停止状態の潜在的可能性が生かされず、むしろ資本蓄積と価格低下のもとで労働者の中間層が富裕化していき、労働者の下層が置き去りにされていると述べている。

では、ミルの経済問題の解決の方向性はどのようなものであろうか。

ミルは、停止状態それ自体を解消しようというのではなく、そのもとで分配を労働者階級にとって有利なものへと改善すべきだと考えた。「生産の増加が引き続き重要な目標となるのは、ひとり世界の後進国の場合のみであり、最も進歩した国々では、経済的に必要とされるのはより良き分配でありⅹ……」そのカギとなるのは、ミルによれば、「財産の平等を促進するような立法」と「共同組織」である。

後者の「共同組織」とは生産および消費協同組合である。そしてそれには資本家と労働者との、または労働者同士の共同経営の2つがあるという。前者の事例としてミルは、イギリス、コーンウォールの鉱山労働者、イギリス南部の漁業組合、パリのルクレール家屋塗装業、後者の事例として、1848年の二月革命以降に蘇生したフランスの無数の労働者協同組合、イギリスのリーズ製粉工場やロッチデール先駆者協同組合などの事例を挙げている（ミルはフランス二月革命にきわめて同情的であった）。

このようにミルの理論には、資本蓄積の結果としての経済停滞、過剰な資本による投機、資本輸出、所得分配の失敗、経済格差の拡大といった現代的な諸要素と、さらには経済停滞打開の方向性もがきれいに出揃っているといえる。みごとな洞察というべきであろう。

ミルの立場は、生産手段の社会的所有という意味での「社会主義」ではなく、いわば「協同組合的社会主義」である。当時の現実にある組織と運動に、階級対立の解消の糸口をみいだそうとするものであった。

こうしたミルの政策的見地が弱点を持っていたことは否定できない。そもそも、競争が支配的な資本主義経済のなかで社会に公正な分配をおこなう経営クラスターが発生しても、それは経営的には淘汰され、長くは存続できない場合がほとんどである。したがってミルの主張にはロバート・オーウェンなどと同じようなユートピア的な限界があったといえる。また、彼は他方で、法律によって労働者の公平な取り分を保証するとも述べているが、それについて具体的にはなにも語っていない。この主張の実現が困難であることを意識していたのかもしれない。

しかしこうした問題をふまえてもなおミルの学説は、資本主義の停滞傾向を経済学的にとらえようとし、制度的に所得分配の面での改革の必然性と意義を明示した点で優れている。同時代の古典派経

＊6　ミル、前掲＊3、107ページ。

済学はといえば、マーシャルやジョン・B・クラークに代表されるような、収穫逓減法則を利潤と賃金に当てはめた限界生産力理論に基づく分配の説明が支配的であった。クラークの『富の分配』(1899年)では、完全競争のもとで資本利潤は消滅し、剰余は利子と賃金に完全に分割されるとされた。クラークにとってのその含意は、資本の利潤の消滅がすなわち労働搾取の不存在を意味するというものであった。労働搾取がないとすると、分配制度や生産組織の改革の必要などはそもそも問題にならない。同じ利潤収縮論でもミルとクラークは出口がまったく異なるといえる。*7 経済的見地にもまして道徳的見地を重んじることを公言していたミルからすれば、クラークの見解は眼前の社会問題にコミットしない退廃的理論と映ったにちがいない。

19世紀アメリカの特殊事情

この時期、ヨーロッパに比べてアメリカの経済成長率はきわめて高い。この経済成長率の格差については若干の説明が必要である。

まずアメリカは、経済成長にこのうえなく適した国であった。先住民から奪い取った無尽蔵の土地だけでなく、その耕作に必要な奴隷労働が入手可能であり、これらによって工業化にとって重要な綿花の大量生産が可能となった。また鉄の生産にうってつけの鉱石、燃料用の木材や石炭があり、さらには石油もあった。アメリカの経済発展の条件について、ハーバード大学の歴史学者デビッド・ランデスは、「アメリカ大陸に関する限り一番の理由は資源ということになる。フロンティアの土地は自然の富に溢れていたが、この富が新しい工業技術という文脈では別の形で役立つことがわかった」

「アメリカの発展はそもそも自然条件で決まっていたのだ。くじ運がよかったのだともいえそうである」と述べている。*8

ヨーロッパでは、深く染み込んだ貴族制や大土地所有といった封建制の残存物と強い階級差別が資本蓄積の足かせとなったが、アメリカにはそうした要素がなかったことも考慮すべき要因であった。*9先住民と黒人を別にすれば、階級差別が弱かった。ホームステッド法による独立農民の育成は白人の所得を高めた。とくにアメリカでは労働力が慢性的に不足していたため、アメリカの資本家は労働力

＊7 ジョン・ベイツ・クラーク『富の分配』田中敏弘・本郷亮訳、日本経済評論社、2007年。クラーク理論についての優れた考察は、Henry, John F. (2025) *John Bates Clark: The Making of a Neoclassical Economist*, Macmillan Press を参照。

＊8 デビッド・S・ランデス『「強国」論』竹中平蔵訳、三笠書房、1999年、245ページ。

＊9 イタリアの思想家アントニオ・グラムシは、「アメリカニズムとフォーディズム」とよばれる手記において、アメリカにはイギリスとちがって、寄生的な階級が存在しなかったことがアメリカの高い資本蓄積を可能にした理由であると述べている。「過去の歴史の諸段階が残留させてきたニカワのような寄生的堆積物が存在しないことは、工業、そしてとくに商業に、健全な土台の形成を可能にしてきた。そして、それはまた、運輸と商業に代表される経済的機能を生産にとっての従属的な活動に引き戻すこと、というよりはむしろ、これらの活動を生産そのもののうちに吸収してしまおうとする試みを可能にする」（『新編 現代の君主』上村忠男編訳、ちくま学芸文庫、2008年、353―354ページ）。アメリカにおける封建制の不在という視点は、歴史学者ブルース・カミングスによれば、すでにマルクスの「バスティアとケアリー」（1857年）という小論にあり、近年ではハーバード大学の政治学者ルイス・ハーツ『アメリカ自由主義の伝統』（1955年）にみられるとしている（『アメリカ西漸史――《明白なる運命》とその未来』渡辺将人訳、東洋書林、2013年、33―34ページ）。

を確保するためには賃金を上げるか、労働節約的な新しい技術を導入するしかなく、実際にはその両方がおこなわれた。失業率が低かったため新技術導入に対する労働者の抵抗もヨーロッパほど強くはなかった。

アメリカの第一次産業の収益性は高く、それに従事する労働者の報酬を引き上げ、それが都市の労働者の高い報酬に波及した。アメリカの労働者の賃金は19世紀の初めにすでにイギリスより3分の1から2分の1ほども高かった。

こうして19世紀のアメリカでは、機械化が経済全体の生産性を引き上げ、全般的な高賃金体制ができあがった。[*10] その高賃金は大きな国内需要を生み、高い経済成長率の基盤となった。つまりアメリカでは豊富なものだけでなく、不足したものも都合よく作用したのである。

19世紀末大不況と独占形成

第二期(1870―1913年)の前半に、資本主義諸国は世紀末大不況という大きな壁に直面した。不況の基礎には、当時の世界的に広がった過大な生産力の形成とそれによる企業収益性の低下があった。

イギリスは、第一期の終わりまでに世界の製造業の生産能力の3分の1を占める「世界の工場」となり、1870年代末に世界の鉄鋼需要の20年分の需要に応じることができるほどの生産能力を抱えていた。アメリカでは南北戦争後の鉄道ブームがピークに達した。イギリスは、アメリカやドイツなどからの製品需要の縮小に直面し、鉄鋼産業は生産が倍増する一方、価格は半減した。農業はさらに深刻であり、穀物価格は1867年から1894年にかけて3分の1、綿価格は1872年から77年の5年間で半減するというあり様であった。[*11]

農業生産性の上昇の結果、19世紀半ばにはすでに穀物は過剰生産の状態に達していた。アメリカはヨーロッパへ大量の輸出をはじめた。貧しいヨーロッパ人はそれを歓迎したが、国際的な穀物価格の下落はデフレ不況をさらに深刻化させる要因となった。[*12]

ここまでの進展は、価格と利潤の低下という点ではミルの予見どおりであったといえる。しかし第二期の後半には、資本主義のあり方を大きく変える状況が生まれた。世紀末大不況のなかから新たな技術革新と独占的大企業が現れたのである。

＊10　労働者を確保するために支払う均衡水準（相場）を超える高い賃金を経済学では「効率性賃金」(efficiency wages)とよんでいるが、ハバクックはこの用語を19世紀のアメリカの賃金を特徴づけるために用いている。

＊11　19世紀の農業革命はイギリス人がおもに切り開いたアメリカ、カナダ、オーストラリアにおいて起こった。アメリカではホームステッド法により一定区画の土地を無償またはわずかな金額で農民に与えた。アメリカ人は機械式の脱穀機その他の労働節約的機械を積極的に導入した。アメリカ中西部の表土は厚く、栄養が豊富で、降雨にも恵まれた。有刺鉄線が広大な草原を牧場に変え、畜産業を発展させた。蒸気機関とその後のガソリンエンジンを用いた草刈り機、刈り入れ機、種まき機、刈り取り機、結束機、脱穀機、コンバイン、トラクターといった農機具の発展によって農業生産性は急増した。作物の品種改良や動物の交配技術などもそれに貢献した。「1837年には1エーカー（約4000平方メートル）分の小麦を生産するのに必要な労働時間は148時間だったが、1890年には37時間まで短縮した」（ポール・ロバーツ『食の終焉――グローバル経済がもたらしたもうひとつの危機』神保哲夫訳、ダイヤモンド社、2012年、66―67ページ）。

1879年トマス・エジソンによって白熱灯が発明され、ほぼ同じころに石油を用いたエンジンが発明された。この19世紀末に起こった電気と内燃機関の2つの系列による一連の技術革新は、いわゆる「第二次産業革命」を生み出した。

前者の系列として電力、電灯、家庭電化製品、後者の系列として内燃機関、自動車、高速道路、地下鉄、飛行機がある。さらに自動車は鉄鋼、石油、ガラス、ゴムなどの産業を牽引(けんいん)する。それに加えて上下水道、暖房などの生活インフラ、素材、製薬などの石油化学製品、通信、写真、映像、ラジオ、蓄音機など娯楽関連産業が発展した。

こうした一連の発明は経済の地殻変動をもたらすマグマとして動きはじめ、市民生活のあり方を大きく変えた。世界の技術革新の中心地はもはやイギリスではなくアメリカであり、その恩恵に最も与ったのもアメリカであった。アメリカは19世紀のめざましい成長期に、こうした経済成長を支える諸制度を築き上げた。*13

他方、イギリスは収益性の低迷を安価な労働力への依存によって回避しつづけ、新しい機械による労働の代替に躊躇(ちゅうちょ)し、アメリカに遅れをとった。*14 しかし、そのようなイギリスにおいてでさえ、国内の産業発展にともない労働需要が拡大するにつれ、賃金が徐々に上がりはじめた。また物価の下落によって労働者の実質賃金が上昇しはじめた。*15

19世紀末大不況を生き残った企業は個々の産業内で少数の企業間による協調体制をとるよう進化した。大不況期を経て、アメリカ、イギリス、ドイツなどで、鉄道、鉄鋼、製糖、石油、鉱業、電気、金融、保険などの分野において独占的な巨大企業が現れた。19世紀のアメリカは、大不況と独占化の

*12 主要諸国で採用されていた金本位制を物価水準を引き下げる要因となった。19世紀末大不況においてアメリカ政府は金本位制維持のため通貨を回収し（「73年貨幣法」）、そのため市場では流動性の不足と物価下落が発生した。

*13 「19世紀の初めから発展した基本的な制度的枠組み（合衆国憲法、北西条例、および勤労に報いる行動規範）が、大まかにいって経済的、政治的組織の発展（議会、地方政治団体、家族農場、商工会議所、海運事業）を促し、それらの組織の極大化活動が教育投資の需要を引き起こすことによって、直接、間接に生産性の増大と経済成長に結びついた。教育投資は無料の公教育システムに結びついたばかりでなく、農業生産性を向上させるための農業試験場にも結びついた。モリル法は土地供与州立大学を創設した」（ダグラス・ノース『制度・制度変化・経済成果』竹下公規訳、晃洋書房、１９９４年、10ページ）。また、19世紀半ばまで、アメリカはきわめて慎重に企業活動の範囲を公共目的に限定し、製薬の認可もヨーロッパより時間をかけておこなうなど、通念とは異なり、経済的規制に積極的な国であった。今日の研究者はアメリカの制度の多くが企業規制に関わるものであったことを明らかにしている（ジェイムズ・フープス『格差社会とアメリカン・ドリームの復活――歴史から見る企業の役割と民主主義』小山久美子訳、彩流社、２０１５年。Prasad, Monica (2012) *The Land of Too Much: American Abundance and the Paradox of Poverty*, Harvard University Press）。

*14 イギリス鉄鋼業では19世紀半ばにおいてベッセマー法による転炉がすでに普及しており、それをより優れた平炉に置き換えるインセンティブは起こりにくかった。転炉が十分普及しておらず、そのような過剰能力がない後発のアメリカとドイツは転炉を導入することができた。イギリスでは石炭が豊富であったため早くから照明にガスが用いられ、18世紀半ばにはガス灯のグリッドが普及していた。イギリスにとってはそれを電灯のシステムに置き換えるというのは費用の面で割に合わなかった。しかしアメリカは真新しい電灯を心置きなく導入することができた。イギリスは、19世紀半ばまでに産業発展を遂げ、多くの分野で需要に対応できる生産体制を持っていたがため、逆に新しい革新的技術を導入する動機に欠け、遅れをとった。

*15 イギリスでは１８６８―73年の景気拡大において急激に賃金が上昇した。ハバクックは、これを労働力不足が景気の上限を画した最初のブームであったとしている（前掲＊２：Habakkuk (1962), p.195）。

傾向はヨーロッパと同じであるが、ヨーロッパと比べて相対的に平等な所得分配と高い経済成長率をもって世界経済の中心に躍り出た。

ジョセフ・シュムペーター

19世紀末の資本主義は、低い利潤と利子という面ではそれ以前の静止状態を内包しつつ、独占と技術革新という新たな要素を付け加えることで、20世紀の経済成長の土台を築いた。20世紀初頭のこうした複雑な経済変化を経済学はどうとらえたであろうか。ここでは、2人の経済学者を手がかりにこの問題を考察してみよう。

まずは、ドイツの経済学者ジョセフ・シュムペーターである。彼の初期の著作『経済発展の理論』(1912年)には、19世紀末不況の特徴である経済の停滞状況が明瞭に描かれている。彼は次のようにいう。

「高度に発達した国民経済の利子率が、発展の低い国民経済のそれに比して多くの場合低いのは、前者においてはリスクがはるかに少なく、技術が進歩しているためである。われわれは具体的な国民経済の状態にとって、相対的に低い資本利子をたしかに一般に富裕の徴候として認めるものであるが、しかしそれを同時に静止状態とはいわないまでも、将来の発展力の欠如の徴候として認めるであろう[*16]」

彼によれば、生産価格は、賃金と土地という本源的生産要素のコストを賄うのみで、生産者の利潤は競争過程で価格が押し下げられることによって消滅する。ここで、彼はミルと同様、静態的な経済は利潤も利子も生まない傾向にあると述べているが、理論的にそれは、ジョン・B・クラークの限界生産力理論を基礎にしている。

ミルと異なるのは、次の点である。すなわち、利子が発生するとすれば、それは独占によるものだとする点である。生産物の価格は、賃金、地代、独占利潤に分割される。独占は、生産諸力を新たに結びつけることによって高価な生産物を生み出す。

「われわれは利子の源泉――その存在は独占の理論によって説明される――をもつであろうし、利子の原因――これから独占者への利子の帰着が生まれる――をもつであろうし、最後に帰属も競争もこの収益を消滅させないことの説明をもつであろう」[*17]

シュムペーターにとって、利子の高さは経済状況全般のバロメーターである。その水準は経済全般における投資の収穫逓減によって収縮するが、それをキャンセルする対抗力の担い手が企業家による技術革新である。富裕な経済であっても技術革新の可能性はつねに残されているので、利潤と需要の

*16　ジョセフ・シュムペーター『経済発展の理論』塩野谷祐一・中山伊知郎・東畑精一訳、岩波文庫、1977年、下巻、180ページ。
*17　シュムペーター、前掲*16、83ページ。

可能性は無限であるとも付け加えている。[*18] つまりシュムペーターは、経済停滞のなかで企業家による技術革新に経済発展の推進力をみいだそうとしたのである。さらに彼は、企業者活動が活発化すると利子率が上昇し、物価が騰貴するという視点から景気循環の過程の分析につき進む。

ルドルフ・ヒルファディング

独占の問題を別の角度からとらえたのは、ドイツ社会民主党の経済学者ルドルフ・ヒルファディングであった。彼は、『金融資本論』(1910年)においてこの問題を詳述した。

彼は、利潤率は徐々に低下するが、利子率を侵食するまでにいたるにはかなりの時間がかかるとみていた。つまり当時の主流派経済学の限界生産力理論に基づく収益低下の法則は、創業者利得や小経営から大企業への利潤移転による独占部門の利潤によってそのままには作用しないと彼は考えたのだ。と同時に、独占利潤が資本蓄積の結果による利潤率の低下傾向を相殺(そうさい)するほど大きいと述べることによって、ヒルファディングはマルクスの利潤率の傾向的低下の法則をも事実上修正している。

その意味で、ヒルファディングにとって、資本主義の特徴は収益性の低下というよりは、むしろ、独占的な収益性強化が金融資本、銀行独占の支配強化と、さらには対外的な帝国主義への衝動をもたらすことにあった。

利潤に対する利子の比率の増大は産業独占に対する銀行独占の支配の基盤となる。次の一文は、利子率の概念と巨大銀行優位の経済全般の支配構造とのつながりを示している。

「発達した資本主義的諸関係においては利子率はわずかしか変動せず、これに反して利潤率は低下するのだから、ある程度において総利潤における利子の分け前が、企業者利得に比して増大する。この事実は、利子率低下という定説(ドグマ)とは矛盾するが、しかし諸事実とは一致するものであり、同時に、利子付き資本の、したがって銀行の、勢力と意義の増大の一原因であり、また、資本の金融資本への転化のための重要な梃子(てこ)である」[*19]

さらに、利潤率と資本輸出、帝国主義との関連については、次のように考えた。独占的カルテルが支配的な産業では生産が制限され利潤率が維持される。他方で、非カルテル産業では利潤率の低下そのものが投資を抑制する。

「かくして、一方では蓄積されるべき資本の量が急速に増大するのに、他方ではこの資本の投下可能性が縮小される。この矛盾は資本輸出において解決を見いだす。資本輸出はカルテルの結果ではなく、資本主義的発展と不可分な一現象であるが、カルテル結成はこの矛盾を突然激化させて、資本輸出の急性的性格を作り出すのである」[*20]

*18　シュムペーター、前掲*16、150―151ページ。
*19　ルドルフ・ヒルファディング『金融資本論』岡崎次郎訳、岩波文庫、1982年、下巻、204ページ。

そしてこの資本輸出は必然的に過酷な植民地主義支配と結びついた。

「資本の価値増殖欲望と矛盾するような、そしてその経済的克服がただ漸次的に、かつあまりにも緩慢にしか行われないような事情に資本が初めて当面するとき、資本は国家権力に訴えてこれを暴力的収奪に役立てる。そして、この収奪によって所要の自由な賃金プロレタリアートがつくりだされる。そこで収奪されるものが、その初期におけるようにヨーロッパの農民であろうと、メキシコおよびペルーのインディアンであろうと、または今日のようにアフリカの黒人であろうと。暴力的方法は植民政策の本質に属するもので、それがなければ植民政策はその資本主義的意味を失うであろう」[*21]

シュムペーターとヒルファディングを比較すると、同じ独占、すなわち経済力と技術力の集中を景気循環と経済成長に結びつける前者と、金融資本による経済支配の強化や高められた生産力による部門間不均衡、さらには帝国主義的な資本輸出というグローバルな構図に結びつける後者とは、資本主義観としては対照的といえる。しかし両者ともに、経済発展にともなって利潤率と利子率がともに低下するなか、独占とそれによる新しい技術革新が、独占部門においては利潤量を増加させ、利潤率および利子率の低下に逆に作用するとみている点で共通している。つまり、彼らの理論は、当時のミルがみたような利潤と利子の収縮という停滞傾向を基礎にしつつも、資本主義が、技術革新と経済力集中の過程によってその傾向を修正し、時代が独占的支配の強化と経済成長および帝国主義的拡張の時代へと突入したことを理論的に表現したものといえる。

彼らが描き出した構図は、今日の長期停滞を打開する目的で企業が技術開発と生産性の上昇を絶えず追求し、独占的な経済力集中を進めている事態と同じであり、その衝動の根源に潜む原理を説明している。しかし今日と異なるのは、彼らの時代が経済成長の巨大な山の入口であったのに対し、今日はその出口にあるということである。

＊20 ヒルファディング、前掲＊19、129ページ。
＊21 ヒルファディング、前掲＊19、305ページ。

2　20世紀の経済成長とその終焉

「1970年代という時代に、史上初めての急速な減速に反転し、以来現在に至るまでおそらく増殖の停止に至るまで、減速に減速を重ねることとなった。これは1970年代以降、人間は歴史の第二の巨大な曲がり角に入っていることを、端的によく示している」（見田宗介『現代社会はどこへ向かうか』2018年）[*22]

1950年代から70年代初頭にかけて、アメリカでもヨーロッパ諸国や日本でも経済成長率は急上昇する。経済成長がこのような大きな山を描いた理由はなにか。また、その山をはさんで、19世紀末と現在は、同じように低水準の成長率と利子率に見舞われているが、この2つの性格はどのように異なるか。このことを考えてみたい。

まず20世紀半ばに大きな経済成長率の山を築いた要因は、簡単にいえば大きく2つの要因がある。一つは技術革新であり、もう一つは所得分配の大がかりな再編である。まず前者からみてみよう。[*23]

ロバート・ゴードンの「第二次産業革命論」

20世紀の経済成長を押し上げた技術革新とは、19世紀末以来のいわゆる「第二次産業革命」（1870―1970年）のなかから生まれた。

ノースウェスタン大学の経済学者ロバート・ゴードンによると、「第二次産業革命」の「偉大な発明」(The Great Inventions) には5つの系列がある。[*24]

①電気：発電、送電、電灯、家電製品、エレベータ
②内燃機関：自動車、高速道路、飛行機
③生活インフラ：上下水道、ガス、電気
④石油化学：合成樹脂、素材、製薬
⑤メディア・エンターテインメント：通信、写真、映像、映画、ラジオ

家庭電化製品の普及や自動車を中心とする交通体系の拡充といったように、この時代には、その後の人々の生活を大きく根底から変革する製品が大量に生み出され、短期間に普及した。テレビは1939―1940年に製造が始まり、ボーイング707は1958年就航し、時速550マイル

＊22　見田宗介『現代社会はどこへ向かうか――高原の見晴らしを切り開くこと』岩波新書、2018年、iiiページ。ここで見田のいう「第二の曲がり角」に対して、「第一の曲がり角」とは、古代ギリシャで哲学が生まれ、仏教や儒教が生まれ、古代ユダヤ教が現れた二千数百年前の600年間を指す。

＊23　本節の内容は、説明の必要上、本田浩邦『長期停滞の資本主義』大月書店、2019年、第1章と重複する部分があることをお断りしておきたい。

＊24　ロバート・ゴードン『アメリカ経済　成長の終焉』下、高遠裕子・山岡由美訳、日経BP社、2018年、359―374ページ。

（885キロ）で飛んだ。上下水道は1870—1900年の30年間に普及し、サルファ剤、抗生物質が1930年代、40年代に発明された。電話、蓄音機、映画は1880年代から普及しはじめた。

ゴードンによれば、こうした技術革新によって、生活の細部にいたるまで便利な道具が行きわたり、労働や家事の多くが軽減された。しかし彼によれば、こうした過程は歴史的には一度だけの大きな波（One Big Wave）であり、二度と同じような規模での変化は現れないという。なぜなら、ほぼすべての家庭に電化製品や自家用車が普及し、それまでの膨大な時間を要した家事労働が削減され、室温を一定に保ち、手軽に音楽や映像を楽しめるようになる、あるいは全国に上下水道や道路網を張りめぐらせ、個人が移動できる空間を広げるといったことなどは、同じ規模では二度と起こりえないからである。技術革新はもちろん現在も今後もおこなわれるであろうが、それはすでに大きく変革された生活上の必要をさらにわずかずつ追加的に満たすのみであり、さほど大きなインパクトは持ちえないであろう。これがゴードンの主張である。

資本主義システムの形態変化——所得分配の平準化

資本主義の自己変革の2つめの要点は、所得分配の制度的改革である。それは2つの大戦と大恐慌のなかから現れ、とりわけ1940年代初頭から戦後にかけて定着した。

第一次世界大戦とその後の不況、さらに世界恐慌を経て、大量の失業の発生を経験した資本主義諸国はその後、高い賃金水準と社会保障を組み込んだ労働政策を取りはじめた。それを加速させたのは第二次世界大戦であり、アメリカとイギリスを中心とした連合国がそれを主導した。

アメリカとイギリスは、第二次世界大戦の大義と戦争終結後の国民への報償を明示し、国民の忠誠と動員を確保する必要があった。１９４１年8月の「大西洋憲章」には、「恐怖と欠乏からの自由」という表現で戦後の福祉制度の実現が示唆された。アメリカでは、国内に孤立主義の影響が強く、国民から連合国支持への同意を得るためには、こうした構想を組み込むことは不可欠であった。さらに１９４２年のアメリカ「全国資源計画局」（ＮＲＰＢ）による戦後の福祉国家構想は、ニューディールの社会立法に加え、教育、医療、リクリエーション、文化施設などに及ぶ高いレベルのサービスを国がおこなうことを明記した。

同年、イギリスでは「ベヴァリッジ報告」が発表され、健康保険、失業給付、年金のみならず、葬儀費用をもふくむ戦後の包括的な社会保障を国民に約束した。ベヴァリッジ報告のための委員会ができたのは、前年１９４１年、ロンドン空爆の最中であった。つまり廃墟のなかでイギリスの支配層は福祉制度を経済システムに組み込むことを受け入れたのであった。

このように、資本主義はその存立危機に対して、軍事力によるのみならず、システムそれ自体の新たな自己組織化を遂げることでファシズムを封じ込めることができたのであった。

賃金の面では、戦時下の所得税の累進性の強化および賃金統制によって大幅に分配が平準化され、それが戦後にも引き継がれた。[*25] こうして１９６０年代までに先進諸国いずれの国においても経済格

＊25　トマ・ピケティ『21世紀の資本』山形浩生・守岡桜・森本正史訳、みすず書房、２０１４年、アンソニー・アトキンソン『21世紀の不平等』山形浩生・森本正史訳、東洋経済新報社、２０１５年、参照。

差が大きく是正され、それは、社会保障制度の整備とも合わせて、第二次世界大戦後の所得分配の構造に大きな影響を与えた。その結果、築かれた高い消費水準は、技術革新によって高められた供給力の発揮を需要の面から裏打ちするものとなり、20世紀半ばの爆発的な経済成長を生み出す制度的枠組みとなった。

カール・ポラニーの『大転換』

カール・ポラニーは著書『大転換』（1944年）で、この時代の資本主義システムの根本的進化（「トランスフォーメーション」）について早い段階で優れた説明を与えている。

ポラニーによると、19世紀から20世紀初頭にかけての市場経済は、市場の自己調整メカニズム、大国間の力の均衡、国際金本位制、非介入主義的国家の4つを柱とし、究極的には市場メカニズムに全体が規定されたものであった。しかし、貿易面での争い、保護主義の台頭が世界経済の均衡を破壊し、金本位制は持続可能ではなくなった。また労働組合の賃上げ要求などにより、市場メカニズムは機能しなくなった。その結果、国家は経済にさまざまな面で介入することを余儀なくされた。つまり4つの柱が機能不全に陥って最終的にシステムは崩壊したと彼はいう。

では20世紀においてそれはどうなるか。市場システムは労働、土地、貨幣を包含しなくなる。労働については、労働条件や賃金が労働組合、国家およびその他によって集団的に決定され、土地の利用や主要食料品の価格は政府によって管理される。さらに貨幣については、金本位制から管理通貨制度に移行し、国家の手で金利や通貨供給の調整、裁量的財政支出が柔軟におこなわれるようになる。つまり、経済のさまざまな機能が市場からとりのぞかれ、国家の手に委ねられる。ポラニーによれば、このことが資本主義世界にとって大きな自由をもたらす。

「市場経済の消滅は、先例をみないほどの自由の時代の幕開けとなりうる。……規制と統制は、少数者のためだけではなく、万人のための自由を実現することができる。……このようにして古い自由と市民の権利とに、産業社会が万人に与える余暇と安全とから生みだされた新しい自由という財産が加えられるであろう。こうした社会は公正かつ自由でありうるのだ」[*26]

彼が描く新しいシステムは、今日でいう「ケインズ主義的福祉国家」である。確かに資本主義は自らの蓄積欲求という本性を無制限に発揮するのではなく、その一部を規制、制御し、市場の機能の一部を社会の機能に移すことによって自由の幅を広げた。

市場経済の機能がまったくなくなるわけではない。それはさまざまなかたちで、引きつづき消費者の自由を保証し、需要の変化を指示し、生産者の所得に影響を与え、会計手段として役立ちつづけるが、それはもはや経済的自己調整の「器官」ではない。[*27]

このようにポラニーが主張する背景には、当時の戦時下の管理経済の実績がある。高められた生産

＊26　カール・ポラニー『大転換――市場社会の形成と崩壊』吉沢英成他訳、東洋経済新報社、1975年、342―343ページ。
＊27　ポラニー、前掲＊26、337ページ。

力と所得分配、厳密に計算された戦時統制経済のもとで、アメリカ経済は目立ったインフレなしに所期の戦争目標を達成しつつあった。ここでポラニーが指し示した資本主義のシステム上の変化は、その後、資本主義世界全般に広がってゆく。

1930年代から40年代に徐々に経済政策に浸透しつつあった思想がいわゆる「ケインズ主義」であった。イギリスの経済学者ジョン・メイナード・ケインズはその『雇用・利子および貨幣の一般理論』(1936年)において、市場の不均衡を前提に、財政の赤字支出によるマクロ経済の調整を主張した。これはポラニーが指摘した資本主義システムの変化を主導する政策原理となった。ケインズ理論は元来、不況対策の短期的政策の理論的根拠として提示されたが、それが第二次世界大戦後は、恒常的な政府の政策的介入による経済成長促進政策へと鞍替えして利用された。

こうして戦後のめざましい経済成長が始まった。戦後アメリカでは、高い成長率と低インフレが共存する時代がつづいた。社会保障制度は、1960年代のジョンソン政権期まで徐々に拡充され、こうした所得再分配制度は、底辺層をふくめ、アメリカ国民の経済生活を大きく改善した。このように大がかりな所得分配の革命と技術革新とが相乗的に結びつき、戦後の経済成長を牽引した。

このような20世紀末から両大戦を経て形成された技術革新をエンジンとし、賃金・所得保障を両輪とする経済を私は「ニューディール型資本主義」、そのような資本蓄積のパターンを「戦後成長モデル」とよんでいる。「ニューディール型資本主義」は、第二次世界大戦後、アメリカのみならず主要先進国に波及し、1950年代から60年代にかけての巨大な経済成長の雛形となった。

1970年代以降の長期停滞

しかし1970年代初頭までに、生活の必要を満たすような製品は各家庭にほぼ普及し、市場は飽和状態となり、その後の技術革新はさほど大きな付加価値を生み出さなくなった。

現在も技術革新が起きていないわけではない。むしろ活発にそれが追求されている。しかし新しい技術革新が起こっても、それらはめざましく生活の内容を変革するものではなく、更新需要にできるだけ高い付加価値を付けるようなものにとどまりがちとなる。競争過程で値下げ競争が起こり、技術革新による付加価値は切りつめられ、価格低下に吸収される。こうして第二次産業革命がもたらした経済効果の波は途絶えた。したがって、現在の長期停滞は物理的生産性の高みで起こっている現象であり、その不足によって生じているのではない。

ゴードンはいう。

「アメリカの成長が1970年以降、鈍化したのは、発明家がひらめかなくなったわけではないし、新しいアイデアが枯渇したわけでもない。食料、衣服、住宅、娯楽、通信、医療、労働環境など、生活の基本的な部分が、その時点で一定の水準に達してしまったからだ[*28]」

ドイツの社会学者ヴォルフガング・シュトレークも次のように述べている。

＊28　ゴードン、前掲＊24、491ページ。

「すべての西側諸国で大量生産される標準的な耐久消費財の市場が飽和状態の兆候を示しはじめていた。もはや消費者にとって基本的に必要となる財はほとんど満たされていた。洗濯機はまだ動きつづけているのに、なぜ新型を買わなければならないのか？というわけだ[*29]」

「第三次産業革命」（1970―現在）は、1970年代に始まり1990年代末に頂点に達するが、ゴードンによればその効果は大きくはなかった。コンピュータ導入の効果は、1972年から96年までの生産性上昇率の減少をある程度相殺したといえるが、生産性へのインパクトは短命で、「第二次産業革命」が81年（1891―1972年）の長きにわたったものであるのに対して、「第三次産業革命」が生産性を大きく押し上げたのは、1996年から2004年までのわずか8年にすぎなかった。また、2000年以降の技術革新はおもにエンターテインメントと通信に関わるもので、それが生産性や生活水準の改善に寄与するところはかつての家電、自動車、上下水道その他の技術革新ほどではない。

こうしたなかで企業行動も大きく変化した。経済成長率の高い時代においては、拡大する市場に資本を積極的に投下し拡大を図る。しかし、停滞する経済において企業はミクロ的な利潤極大化のために投資と賃金、雇用を抑制する。賃金は物価以上に抑え込まれ、実質賃金は極限まで引き下げられる。経済成長期に拡大した正規雇用は短期の細切れの労働に置き換わり、就労不安が蔓延する。また企業は設備稼働率を引き下げ、新規投資を抑える。新たな有望な投資先がないため技術革新も遅れがちとなる。こうした経済停滞の構図は、所与の技術水準と人口＝市場の規模のもとで競争が強まると必然的に起こる現象であり、資本主義の歴史において珍しいことではない。まさにジョン・スチュアート・ミルが説明した「停止状態」と相似形の事態が20世紀後半から現れはじめたのである。

技術革新が継続的におこなわれても、技術の伝播や、グローバリゼーションによる代替供給源との競争によって、新製品が付加価値を生みにくい。収益性のある投資領域が限られているため、大手企業は、労働条件や下請けとの契約条件を引き下げて収益を確保しようとする。そのことによって労働シェア(国民所得に占める労働所得の割合)が圧縮され、結果的に総需要がさらに制限される。

こうした企業行動はミクロレベルの経済効率を維持しえても、マクロ的な効率性を犠牲とせざるをえない。供給と分配の両輪が噛み合わなくなり、システム全体が大きな軋(きし)み音を立てて収縮している。あるのは一方での「生産能力の過剰」「製品需要の飽和状態」「品質の供給過剰」と他方での所得不足であり、利潤目的の企業行動はこのように乖離した供給と需要、過剰と貧困を媒介できないでいる。

アメリカの特殊事情

経済成長率の低下は、北欧もふくめ、先進諸国にほぼ共通にみられるものであり、アメリカに固有のものではない。先進諸国は多かれ少なかれ、同様のロジックで経済の長期停滞を経験している。また、上記のような経済成長率の低迷自体は、経済の拡大のスピードが鈍化したにすぎず、国民所得の

＊29　ヴォルフガング・シュトレーク『資本主義はどう終わるのか』村澤真保呂・信友建志訳、河出書房新社、2017年、136ページ。

絶対的規模が縮小しているわけではない。わずかずつにせよ成長しており、ゼロ成長であったとしても、国全体が貧しくなるわけではない。

しかし、ことアメリカに関していえば――日本においても多分にそうであるが――、長期停滞による企業収益性の低下を労働者にしわ寄せして克服しようとする企業の圧力がきわめて強いということである。それによって貧困の蔓延と経済格差の拡大という特徴が際立っている。

アメリカや日本では、長期停滞のしわ寄せが労働者に向かいやすい理由のひとつは、社会的な労働協約制度や労働者の経営参加がほとんどないことである。「ゲルマン北欧型社会」（フランスの経済学者トマ・ピケティは比較的高度な福祉社会をこうよぶ）のように所得分配が平等におこなわれていれば、経済成長率が低下するもとでも、一般国民の豊かな生活を維持することは可能である。こうした諸国では、労働者の経営参加や政労使の労働協約などの制度的要因が存続しているため、平準化した所得分配を維持しつつ、高い一人あたり所得を実現している。[*30]

「包摂の危機」――デヴィッド・グレーバー

高賃金体制は、20世紀初めに、日本やアメリカでは、独占的な力をもった大企業を中心に広がった。第二次世界大戦後、社会保障制度は、いわばそれとの両輪で、補完関係にあった。社会保障（年金、失業保障、公的扶助）は、つねに全速力で走りつづける経済からこぼれ落ちた場合の受け皿として制度設計されたものであった。それは職域によって分断的に管理され、大企業の労働者ほど手厚く、中小零細ほど貧相なものとなるといういわゆる「二重構造」によって支配されたものであった。[*31] さらに、それらはつねに就労への復帰を促すものとして運用された。

老齢年金については、アメリカでは「社会保障」(ソーシャル・セキュリティ)とそれに上積みされる「企業年金」(ペンション)がある。それぞれ日本の基礎年金と厚生年金に相当する。アメリカの支給額はどちらとも日本より高い水準であるが、ペンションが支給される割合は労働者全体の半数前後とみてよい。日本の厚生年金もほぼ同様である。アメリカでも日本でも、年金制度ができた当初は、大多数の労働者を正規雇用に組み込み、職域での保険料支払いに基づくペンションや厚生年金レベルの給付が下位所得層にまで及ぶものと期待された。しかしこれは戦後の経済成長の終焉と長期停滞への移行にともなって実現しなかった。つまり、まともな賃金、まともな年金、さらにアメリカにおいてはまともな医療保障は、労働者の約半数前後を超えては広がらなかった。[*32]

＊30 トマ・ピケティ『資本とイデオロギー』山形浩生・森本正史訳、みすず書房、2023年、第17章を参照。

＊31 戦後日本では、「経済の二重構造」あるいは「労働市場の二重構造」とよばれる大企業と中小零細の賃金格差は、1960年代には経済成長のもとで解消されるかのように思われた。この方式で十分な賃金が労働市場の底辺にまで及ぶと考えられたのであった。大企業の賃金はいわゆる「電産型」で男子正社員に家族賃金を支給する方法で、終身雇用と年功制で決定された。しかしその後、経済成長の減速にともなって、二重構造は再び強まり、現在ではさらに非正規労働者がその構造に付け加わり、電産型賃金は労働市場の底辺層には広がらなかった。それによって、下位所得層のみならず、中位所得層にまで生活不安と経済的困窮が及んでいる。今日、日本の賃金は格差を拡大させながら、全体的に賃金の下方圧力の度合いが強まっている。戦後長らくアメリカは日本と比べて、二重構造は弱いとされていたが、この国も80年代以降、二重構造が強まりつつあり、日本と似た構造になりつつある。

この問題を人類学者のデヴィッド・グレーバーは、著書『負債論』のなかで「包摂の危機」（Crisis of Inclusion）と表現している。

「1970年代のある時点において事態は分岐点にいたった。ひとつのシステムとしての資本主義には、契約を万人に拡張することは不可能であることが端的に明らかになったのである。すべての労働者が自由な賃労働者であることさえ、実現の見込みは薄いようにみえてきた。世界中のすべての人間にたとえば1960年代のミシガン州やトリノの自動車労働者のような生活、つまり、家や駐車場を持ち子どもたちを大学に入れるような生活を与えることは確実に不可能であるだろう。そしてそのことは彼らの子息たちがもっと退屈ではない生活を要求しはじめるずっと以前からあきらかだったのである。この帰結については『包摂の危機』と呼ぶことができるかもしれない*33」

第二次世界大戦後の経済成長を支えた巨大な資本蓄積と賃金・社会保障の巨大な船は、エンジンも船体も老朽化し、いまや大きな軋み音を立てている。ここに今日の経済問題の根源がある。これが現代の経済における停止状態の基本的な構図である。

20世紀初頭と現在との比較

20世紀初頭と21世紀初頭の経済を比較してわかることは次の4点である。

第一は労使関係である。古い独占は、独占体の事業統合の裏面として、労働の統合が図られた。高い独占利潤に対して高い独占的賃金が制度的に必要と考えられた。ストライキを回避するためにも、または優秀な労働者をつなぎ止めておくためにも、企業は労働者の忠誠を取りつける必要にせまられた。世紀転換期より、主要産業に福利厚生を自主的に備えたいわゆる「ウェルフェア・キャピタリズム」（企業福利）が生まれた。そのかなりの部分は、戦後、社会保障が制度的に整備される際に公的制度に衣替えし、公的社会保障制度、医療保険制度、失業保険制度として社会化された。20世紀半ばまでの長期的な経済成長の過程でこの枠組みは中小企業の正規労働者層にまで浸透した。しかしこうした寛容な資本主義の広がりは、先ほど述べたように20世紀の半ばでほぼ途絶した。かつての時代と対比してみると、今日の独占は、独占的高賃金、あるいは組合賃金なしの独占であり、むしろ低賃金労働を食い物にして莫大な利潤を生み出す独占である。さらには福利厚生を競うのではなく、むしろそれを引き剝がそうとする独占である。

第二は、独占による市場支配の形態についてである。古い独占も新しい独占も、基本的には製品コ

＊32　日本は、厚生労働省の資料でみると、2017年度の老齢年金受給者総数は3400万人で、月額14万円以上の年金を受け取っている高齢者は3400万人中1500万人、つまり43％で、あとは一人5万円程度のわずかな年金で暮らしている。アメリカでも、4割はまともな老後の保障から取り残されたままである。老齢年金による老後保障という点では、日米どちらも半数前後の人口を低年金の淵に追いやっており、まともな老後から排除しているといえる。

＊33　デヴィッド・グレーバー『負債論――貨幣と暴力の5000年』酒井隆史監訳、高祖岩三郎・佐々木夏子訳、以文社、2016年、554ページ。

ストを引き下げる能力が競争力のカギであった。しかし古い独占が、成長する経済を背景に、市場支配力をつうじて価格と利潤を引き上げる力を持ち、経済全体の付加価値を高めたのに対して、新しい独占は、激しい国際競争のもとで、市場支配力を価格引き上げに用いるより、むしろ価格を引き下げようとする。さらに流通独占の強化により、買い叩きが横行するいわゆる「買い手独占」的傾向が強い。

第三は、雇用と技術革新との関連である。今日、ＡＩ（人工知能）やセンサーなどの技術革新が注目されているが、しかしそれらは経済全体としては、製品の付加価値を高め、まともな雇用をつくり現在の長期停滞を克服するというよりも、むしろ雇用不安を増幅させ、需要面から経済に下方圧力をかける傾向が強い。技術は経済が成長する時期には所得分配の平準化に貢献したが、現在の局面においては差別的、選別的に利用されがちである。

すでに高い生産力にさらに屋上屋を重ねるように、生産力を高めねばならないとされるのは、市場が制約され、供給力が潜在的に過剰に積み上がるなかで、さらに供給面から利潤を追求せざるをえないと考えられているからである。資本主義には「得意科目」と「苦手科目」があり、生産性を高めることには優れているが、それに見合う所得分配の制度をつくることにはすこぶる不向きなシステムである。現在、この後者が浮かび上がっている。

第四は、独占の対外的側面である。古い独占は、資本輸出と帝国主義的支配領域の拡大をもたらした。しかし現在はそうした露骨な領土支配は多くの場合容認されない。しかし利潤を拡大するために、より安い労働力と市場、天然資源を得ようとする衝動は同じように働いている。むしろ長期停滞であるがゆえにその衝動は強まる。グローバルな市場は、潜在的な過剰生産力を抱えた企業にとっては死活的な重要性を持つ。技術開発競争は、国際的な経済的・軍事的覇権の争いの種となり、資源や物流の確保の問題は、20世紀初頭の帝国主義の時代とは異なったかたちではあるが、激しい企業間競争と深刻な国家間の亀裂を生んでいる。

今日の長期停滞は、19世紀末の大不況と比べても、強い付加価値抑制圧力、低価格、低金利圧力が働いている。われわれは大きな経済成長の時代の入口ではなく、出口に立っている。したがってシュムペーターやヒルファディングの時代と同様の技術への楽観論を持つことはできない。にもかかわらず、生産性を高めることへの呪物崇拝的な信仰が蔓延している。これは時代の閉塞状況の基礎に横たわる矛盾を表すものといえる。すでに高い生産性を持った国が、さらに生産性を高めねば一日も暮らせないとすれば、それは自滅的というべきである。合理的には、所得分配を平等にし、既存の生産性を有効に活用することこそが、この矛盾を回避する唯一の方途である。

3　21世紀の経済社会――新しい社会主義

「近代に至る文明の成果の高みを保持したままで、高度に産業化された諸社会は、これ以上の物質的な『成長』を不要なものとして完了し、永続する幸福な安定平衡の高原（プラトー）として、近代の後の見晴らしを切り開くこと。……けれどもそれは、生産と分配と流通と消費の新しい安定平衡的なシステムの確立と、個人と個人、集団と集団、社会と社会、人間と自然の間の、自由に交響し互酬する関係の重層する世界の展開と、そして何よりも、存在するものの輝きと存在することへの至福を感受する力の開放という、幾層もの現実的な課題の克服をわれわれに要求している」（見田宗介『現代社会はどこに向かうか』２０１８年[*34]）

前節でみたように、今日の資本主義の長期停滞の根底には、潜在的過剰能力のもとでのよりいっそうの資本蓄積圧力という基本構図がある。経済の潜在的生産力はすでに個人の基本的ニーズを満たすことが可能な水準を超えている。その意味で、現代経済は〈余剰経済〉といえる。同時に、社会的に必要な投資が十分になされず、不足している財・サービスがあり、さらには社会全体の技術的高度化から生じる新しい欠乏感がある。過剰と不足を社会的に交通整理し、それに必要な労働の供給を確保することが、21世紀の大きな課題である。こうした問題は経済学が営々と議論してきたような経済全体の潜在的な力を活かして経済成長率を高めるかどうかといった問題とは異なる。それは投資と資源配分の根本的な不合理、所得分配上の不公正をただすということであり、それは企業ではなく社会の役割である。

〈余剰経済〉のもとでの資本蓄積

現代経済の〈余剰〉と〈不足〉の問題に焦点を当てたのは、アメリカの経済学者ジョン・K・ガルブレイスの『ゆたかな社会』(1958年)である。[*35] 彼がそこで述べた「依存効果」という概念がある。「依存効果」(dependence effect)とは、簡単にいうと「欲望は欲望を満足させる過程に依存する」と表すことができる。

経済成長のために、人々はますます新しいもの、場合によっては緊要(urgent)でないものをも生産し、買い手にその製品の購買が必要であることを信じ込ませようとする。そのため製品を差別化し、モデルチェンジ、製品広告によって企業はますます多くのものを市場に送り込む。市場にすでに豊富にある消費財に加えて、さらに魅力的な製品の開発と販売に力をそそぐ。自動車、家電、食料品、化粧品、住宅、調度品、今日でいえば、サプリメント、ツアープランその他対人サービスなど、その分野は際限なく広がる。各分野での競争の結果、付加価値は摩滅し、生き残りのためだけにもさらに新しい製品を市場に投入せねばならない。そのプロセスは無限である。

この「依存効果」と関連してさらにガルブレイスは、経済で成長と生産が優位となることによって、

*34 見田、前掲*22、18—19ページ。
*35 ジョン・K・ガルブレイス『ゆたかな社会』鈴木哲太郎訳、岩波書店、初版1960年。

私的投資が公共的投資を圧迫し、公共的な社会領域が弱体化すると指摘している。この両方の投資の釣り合いを彼は「社会的バランス」とよんだ。

〈余剰経済〉といえば、不足している領域があるではないかといわれるであろう。確かに、私的領域が拡大し、他方で、教育、医療、公園や道路など社会的インフラや社会的対人サービスなど、私的投資が及ばず、ないがしろにされた領域が存在する。社会は生産面で高度に発展したにもかかわらず――あるいはそうであるがゆえに――教育や医療費は高く、道路、公立病院、図書館、公園、福祉は相対的に貧弱である。今日においてはガルブレイスの時代よりも深刻化しつつある産業廃棄物や食料品廃棄など消費後のあと処理の問題などもこれらに付け加えなければならない。「ゆたかな社会」とは、現代社会の富の礼賛ではなく、ガルブレイスなりの皮肉を込めた呼称にほかならない。

ニューディール雇用政策の経験

ガルブレイスはつづけて次のようにいう。

「生産の増大が失業の除去ではなく、就業者の生産物の増大を意味するような時代になっても、リベラル派は依然として生産増大の重要性を強調し続けた。……広範な失業をなくすための生産増大と、富裕につけたすだけの生産増大とのあいだの差異は、程度の差ではなくて質的な差である。かつてリベラル派は大問題［失業――本田］に取り組んでいたのだが、生産増大を強調し続けることによって、知らず知らずのうちにごく小さな問題［販路の開拓――本田］に巻き込まれる状態に陥ってしまったのである」[*36]

ここで、ガルブレイスのいう「生産の増大」を強調しつづけることによって生まれる問題とはなんであろうか。ガルブレイスを補って考えるとすれば、それは次のとおりである。

1930年代の大失業時代、アメリカのローズヴェルト政権は、すべての労働可能な人々に働く場を与えようとした。その後、第二次世界大戦中にアメリカ経済は年率12%で成長したことによって完全雇用は達成され、さらに戦後は政府が最大限の雇用の責任を負うことが法律にも明記された（「1946年雇用法」）。

完全雇用は戦後資本主義諸国に共通の自明の目標となった。労働側はこの変化を手がかりに「働くものすべてに十分な雇用機会を」と要求した。政府は戦後の安定的な経済成長のもとで、財政支出による需要拡大で物価と雇用水準を思うようにコントロールできるという信念をみなぎらせた。企業も労働攻勢への対応上、積極的に、あるいはしぶしぶ、それを受け入れた。完全雇用政策に基づく戦後経済成長が生活水準を大きく引き上げ、貧困根絶に絶大な役割を果たしたことに疑問を差しはさむものはほとんどいなくなった。

こうして1960年代の高い経済成長の時代まで、投資と消費、技術革新は一体となって大きなうねりをつくり上げた。普及する製品も、今日の新製品と比べ実質的に生活の水準向上に資するものが

＊36　ガルブレイス、前掲＊35、231—232ページ。

多かった。そのかぎりにおいて資本蓄積の弊害は覆い隠され、さほど大きく問題視されることはなかった。

しかし、この「完全雇用体制」は、みんなが生産するというそれ自体のために、慢性的な過剰供給体質を経済にもたらした。生産されたものの付加価値(利潤)は製品に対する需要が旺盛なあいだは高まるが、市場が飽和すれば消滅する。また利潤は国際競争の面からも圧縮される。過剰と市場制約は、過当競争と投資抑制の両方を強め、また需要の不足はつねに総需要が政策的に喚起される必要性を経済に深く植えつけた。これが「戦後フォーディズム」とよばれた経済の大量生産＝大量消費とケインズ主義の相乗的な膨張の基本関係である。

こうして戦後経済システムは、たんに雇用を維持するだけのためにも、絶えず新たな欲望をつくり出さねばならないという課題を抱え込んだ。この無限の悪循環は、「鏡の国のアリス」で描かれた、その場にいるためだけでも走りつづけなければならない状態と似ている。先ほどのガルブレイスの「依存効果」とはこうした悪循環を消費行動の面からとらえ返した概念だといえる。

第二次世界大戦後、先進諸国において確立した完全雇用体制は、１９７０年代初頭まで市場の爆発的膨張を生み、その後、諸国民の生活水準がある程度まで向上し製品需要が低迷し、市場が飽和するにつれ劣化しはじめた。*37

完全雇用の矛盾

完全雇用体制のあまり理解されていないもう一つの側面は、それが高コストであるということである。

戦後の完全雇用体制は、1930年代の大不況期の各国の「雇用救済」を原型とし、戦後経済において標準とされ全面化したものであった。

そもそも失業に対しては、政府が雇用を創出し職を与える「雇用救済」と、直接に生活費を補償する「直接救済」とがある。

雇用救済が失業対策として高コストであることは、すでにニューディールの時代にしばしば議論されていた。直接救済では当時、月額、単身世帯60ドルから家族世帯200ドル程度で最低限の生活を支えることができた。しかし雇用救済となると、生活費だけでなく、資本設備や原材料などで、労働コストの何倍かの資本コストがさらに必要となり、一人あたりの救済費用が高くなり、同じ支出で救済できる人数は限られる。このことがニューディールの救済支出を膨らませ、救済対象をせばめた一つの理由である。

また、当時のアメリカ政府は、公共土木事業、レクリエーション施設、教育、社会調査、芸術・文化、衣料品・日用品の生産など多種多様な職種で雇用を生み出したが、雇用救済にあたって資本コストを抑えるために、機械化の割合を抑えねばならなかった。機械化を推し進めれば、少ない人数しか雇うことができないからである。したがって連邦緊急救済局は、あえて機械化を抑え、マニュアル労働を多くせざるをえなかった。その結果、ニューディールの創出する雇用は「つるはしとシャベル」

＊37　ゴードン、前掲＊24、下、450―460ページ。

の体力的にきつい労働ばかりだとの評判がつきまとうようになった。ニューディールの雇用救済が、いくぶん滑稽にみえたことは事実である。つまり雇用救済それ自体がその内に「技術的失業」の問題を抱えていたのである。

新自由主義の経済学者ミルトン・フリードマンは、公共事業でより多くの失業者を雇用するために、道路舗装事業でトラクターを使わずに、シャベルを使わせている光景をみて、「だったら労働者にスプーンを使わせればもっと多くの雇用を生み出せるではないか」と皮肉ったといわれている。まさにこれは雇用救済の矛盾を突いている。

しかし、「雇用創出」が割高であるという事実は、当時も現在も、多くの人々に理解されているとはいえない。このことは、戦後、完全雇用政策が大手を振ってまかり通った理由の一つであったと思われる。

実際に、ニューディールが救済事業で生産された製品の販路確保をどうしたかをみてみよう。失業救済のために「ムダな公共事業」をやっているという非難をかわすために、ニューディールの政策担当者たちは「直接利用目的の生産」(Production-use) を広げた。つまり、民間市場と競合せず、余剰の産物を活用した、比較的コストのかからない生産活動に雇用創出の焦点を当てたのである。縫製業、衣料品、敷物、ほうき、マットレス、皮革製品、自給用菜園などは不況で過剰となった原材料を利用でき、女性労働も多く活用できた。[*38] しかし不況下にこうした製品が順調に売れることはなかった。これらのプランでは、生産が利潤目的ではなく、政府の庇護のもとで、多くの場合、民間より高い賃金が支払われ、しかも民間ですら太刀打ちできない収縮する市場のニーズに向けて生産がなされたことから、行き詰まることは必然的であった。こうした経緯から、政府は、早くも１９３４年秋に雇用救済の規模を引き締め、作業員の就労資格審査を強めるとともに、報酬を民間並みに引き下げざるをえなかった。*39

生産と消費の爆発的膨張――経済システムの不合理と不公正

すべての就労可能な人々に雇用を保障するためには、直接的な労働コストをはるかに上回る資本設備が必要となり、さらにそれによって生み出される財とサービスの販路を探す必要にせまられる。したがってそのためだけにも経済の規模は必然的に大きくならざるをえない。また雇用による所得をつうじて生活を保障しようとするため、技術的失業を相殺するだけの別の労働需要をつくり出す必要が生まれる。

技術革新やＡＩが労働需要を削減し、失業を生み出すかどうかという問題があるが、答えはケースバイケースである。すべての人が雇用をつうじて生活の糧を得ねばならないというシステムは、つねに労働供給のプールをつくり出す。そのプール内での競争が賃金を押し下げ、労働力を新たな製品分野へと流し込む。もちろん新たな労働のなかには意義ややりがいのある仕事も多くあるであろうが、

＊38　Rose, Nancy E. (1994) *Put to Work: Relief Programs in the Great Depression*, Monthly Review Press.
＊39　Hopkins, Harry L. (1936) *Spending to Save: The Complete Story of Relief*, W. W. Norton and Company.

しばしばその必要性の疑わしいものも少なくない。その意味で、現在も依然として経済全体を支配する就労圧力と製品販路の拡大の矛盾は強く作用している。失業率は表面的には安定していたとしても、労働条件は劣化し、その内容もますます「緊要」でないものの生産へと変わっていく。デヴィッド・グレーバーがいう「クソどうでもいい仕事」(bullshit jobs) である。[*40]

戦後のプロセスでは、技術革新と完全雇用、市場拡大とが高い賃金や世界市場の拡大に助けられて、ある種の均衡を保ちつつ展開された。技術革新が失業をもたらすだけならば、戦後の失業率は右肩上がりで上昇していたはずである。そうならなかったのは、総じて、技術的失業の作用以上に企業と政府による雇用創出の力が勝っていたというべきであろう。その意味で経済と政治のある種の均衡が存在していたともいえるかもしれない。

こうして完全雇用が最大限追求され、生産の領域は無尽蔵に拡大し、緊要性のない商品セグメントが膨大に広がる。消費者としては生活の利便性は極限まで高められるが、他方で、生産者、労働者としては競争の過程で報酬が抑制され、生産現場での労働強化に喘ぐ。これが、高度な技術を備えた先進諸国でなお大多数があくせく暮らし、かなりの層が食うや食わずという状況の根本原因である。

要約すると、完全雇用政策の経済的帰結は、慢性的・潜在的な供給過剰を抱えた経済が、その完全雇用自体のためにつねに新たな雇用創出と市場の開拓を強いられるという悪循環だということにある。

経済学は、このような慢性的な供給過多とアンバランスな経済の構造について適切な関心を示さず、むしろ完全雇用達成にどの程度の財政支出が必要か、金融政策はその際どのような役割を果たすべきか、さらに完全雇用政策が過大な赤字やインフレを助長することによって経済を不安定化するのではないか、などという議論に終始してきた。このような経済システムが環境的にも経済的にも持続可能であるのかという問題が提起されることは、ほとんどなかった。ジョン・スチュアート・ミルは、地球のキャパシティが人口と生産の増加を支えることができない場合には、停止状態を選択すべきだと説いたが、そのような主張は、環境問題の専門家からはともかく、経済学者から聞かれることはなかった。

民間投資優位の経済においては、社会的分野の投資が疎か(おろそ)になりやすいことは依然として大きな問題である。したがって、政府が教育、医療、介護、衛生、住宅、環境保護といった分野に投資をおこない、そうした分野で雇用をつくり出すことは必要である。しかし、一般に失業率を引き下げるために、金利を引き下げ、財政を投入して投資を喚起するといった雇用創出政策によっては、そうした不足を埋め合わせることはできない。すでに述べたように、大きな供給過剰能力を抱えた経済に対して、マクロ政策で雇用創出を誘導する方策には、短期的にはともかく、長期的には見過ごせない矛盾がある。社会的に必要で民間の投資が及ばない分野は公的な手立てでそれを成り立たせる必要がある。近年、「社会共通資本」「コモンズ」などといわれる領域がそうであろう。どのような名称にせよ、そうした社会的な共同の領域は政府によって保証される必要がある。

なお完全雇用がこうした問題を孕(はら)むという理由で、労働者側から雇用政策の要求を取り下げるべき

＊40 デヴィッド・グレーバー『ブルシット・ジョブ――クソどうでもいい仕事の理論』酒井隆史・芳賀達彦・森田和樹訳、岩波書店、2020年。

ではないことも留意すべきである。労働の意思と能力のあるものすべてに雇用を保障することは、いまもなお政府の基本的役割であり、労働者が安定的な雇用を要求することは当然の権利である。またすでに述べたとおり、不足する社会的サービスの分野で政府が雇用をつくる必要性はこれまで以上にある。しかし同時に、生産能力の潜在的な過剰を抱えた現代的な経済において、政府には、労働時間を短縮し、雇用の劣化を防ぎ、就労が十分な所得をもたらさない場合には、再分配政策によって所得保障をおこなう責務がある。

したがって万国の労働者、市民は、19世紀には「労働権」を、20世紀には「完全雇用」を求めたが、21世紀には、「意義のある労働への権利」「時短の権利」「就労から離脱する権利」を求めるべきである。

第二次世界大戦後、主要資本主義諸国は、完全雇用あるいは高雇用を政府の義務と認めるようになった。アメリカの「1946年雇用法」、イギリスのベヴァリッジ報告書(1942年)と戦後のアトリー労働党政権のもとでの完全雇用政策、日本でのいわゆる「全部雇用」といわれる形態での高雇用などがその実際であった。[*41] しかし、戦後復興と朝鮮戦争を経たのち、こうしたみんなが働くという生産体制は、いずれの国においても経済規模を拡大させ、慢性的な供給能力の過剰傾向を生み出し、販路確保(有効需要政策)の必要性を高めた。こうして戦後経済システムは、たんに雇用を維持するだけのためにも、絶えず新たな需要、欲望をつくり出さねばならない性格を帯びた。経済成長はこうした事情からも爆発的に肥大化せざるをえなかったといえる。すでにみた経済成長の大きな山は、1930年代に露見した雇用救済の矛盾——すなわち雇用拡大は生活保障としては高コストであり、つくり上げたものの販路が必要であるという矛盾——のひな形を世界規模で拡大した結果といえる。われわれは、20世紀半ばの大きな経済成長の山を懐かしく思ったり、それへの回帰を求めたりする前に、その山のいびつなあり方を再検討する必要がある。時代にはそのときどきの盲点があり、それはみえていないからではなく、あまりにもありふれているためにみえないのである。完全雇用の矛盾と弊害は、われわれの時代の盲点である。

「積極的失業の理論」――イヴァン・イリッチ

〈不足〉の問題をガルブレイスとは異なる視点から描き出したのが、社会思想家イヴァン・イリッチである。彼は、「創造的失業の権利」（1978年）という著作で、現代的なニーズと欠乏、およびそれと結びついた社会的な支配構造に興味深い洞察を加えた。彼のおもな論点は以下のとおりである。[*42]

第一に、工業化以前の社会において、人々は自律的に自然の資源を用いて「使用価値」の生産を自らおこない需要を満たした。食料品生産、教育、医療、建築、娯楽は、家庭内あるいはコミュニティ内部で自律的におこなわれていた。しかし大量に供給される工業化された財とサービス（「コモディティ」）がそうした自律的生産を押しのけ、人々は市場の製品を購入する消費者となった。これをイリッチは「工業化された無能力」とよぶ。

＊41　アメリカの雇用政策の歴史については、Stricker, Frank, (2020) *American Unemployment: Past, Present, and Future,* University of Illinois Press. を、戦後日本の雇用政策については野村正實『雇用不安』岩波新書、1998年、を参照されたい。
＊42　イヴァン・イリッチ『エネルギーと公正』大久保直幹訳、晶文社、1979年、所収。

第二に、工業化された製品への依存は、貧困や貧富の格差、環境破壊など外部不経済とは異なる、新しい「現代的貧困」である。欲求は質量ともに肥大化し、その充足自体がさらなる欠乏感を生み出す。なにが売られるべきで、なにが無償で供給されるべきかを判断するのは現代の「専門家」〔企業と理解すべき――本田〕である。要求とその充足のあり方は、消費者ではなく「専門家」が判断する。人々は価値判断さえ「専門家」に委譲するようになり、「専門家」のお墨付きがなければもはや単純なことがらさえも理解できない。この決定権の権力者への集中を、彼は「ラディカルな独占」とよんだ。

第三に、このシステムを打ち破るためには、不満を覚える労働者、国民が商品生産の外部で自らの能力を発揮するべく組織化をおこなうことが必要である（「自律協働の政治」〔the politics of Conviviality〕）。そうした自律的な労働の条件として「積極的失業の権利」(the Right to Useful Unemployment) を掲げるべきである。

ここでの「欠乏感」とは、ガルブレイスのいう「不足」とは異なることは明らかである。イリッチはそれを次のような例で説明している。「わたしがロサンゼルスに住んでいて、あるいは高層ビルの35階に勤務しているために、足の使用価値が失われるならば私は貧しいのである[*43]」。

つまりエレベータがあれば脚力の意味は失われる。エレベータがなければ、いくら脚力があっても私は貧しいのである。高層ビルという現代的構築物は足で歩くという有用な能力を人々から奪い去る。こうした豊かさのなかの無能力と欠乏を克服するためには、機械化の程度を自主的にコントロールし、市場中心的な経済から脱却し、個人と共同体が新たな欲望充足のツールをつくり上げることが必要であるとイリッチはいう。

確かにイリッチがいうような無能力と欠乏は、現代経済のさまざまな領域で広く存在する。地方の豊かな環境のなかで生活していても、そこに雇用や教育機関がなければ人々はそこでの生活を貧しいと感じる。家庭内でのケア能力が失われているため、保育園や介護施設が不足すると、それを貧しいと感じる。逆に、コミュニティや家族の結びつきが薄れても、コモディティによってその空隙を埋めることができれば欠乏と認識することはない、などがそうであろう。

彼の議論のポイントは、現代の資本主義経済が、人々の価値観や生活能力を歪めるほど過剰な消費構造をつくり出し、人間の本性がそれによって大きく毀損されるという現象をとらえているところにある。いびつな消費構造の渦のなかで人々は人間性を腐食させ、自律的な価値観や規範を失い、主体性を喪失する。イリッチの分析は、現在の経済危機の深化に対し、人々が主体的に反発するのではなく、ますます自発的に従属を強めていく構造をも明らかにしている。また、無業状態の積極的意義を「失業の権利」という言葉で表現し、私的就労からの離脱を資本蓄積のブレーキとも調整弁ともしている。

商業化された生産と自律的な生産は、実際にはある程度相互補完的であるため、彼の「自律協働の政治」という発想は現実的な広がりを欠いたといわねばならない。その点に留意しつつも、イリッチの議論は、たんに社会的投資の不足というにとどまらない、現代経済の過剰と不足の質的な意義を問うものとして評価されるべきであろう。

＊43　イリッチ、前掲＊42、9ページ。

社会的な共同領域

古代ギリシャの哲学者アリストテレスは『政治学』において、財の生産には使用それ自体を目的としたものと、蓄財を目的としたものとがあり、蓄財のための交換こそ不平等の原因であると述べている。不平等に対するアリストテレスの答えは、土地や財産の私的所有（一部は公有）を基礎としつつも、生産物の一部を共同で、つまり社会的に利用することだというものであった。

アリストテレスはそれを、次のように書いている。

「財産はある点では公共のものとすべきであるが、全体としては私的なものとしなければならない。というのも、財産への配慮が各人に分散することになれば、互いに対する不平不満は生まれなくなるうえに、各人が自分自身の仕事に専念することによって、いっそう大きな成果が上がるからである。他方、各人が蓄えた財産の使用に関しては、まさに徳の働きによって、諺にあるとおり『友のものはみなのもと』とされるだろう[*44]」

「各人が蓄えた財産」、つまり社会の生産物の一部はみんなのものであり、共同で使用される。アリストテレスがそこに道徳的な価値を認めている点に注目しよう。現在の経済においても、すでに社会保障など所得再分配のさまざまな政策によって社会が生み出したものは部分的に共同で消費されているから、この発想は必ずしもわれわれにとってなじみのないものではない。アリストテレスのなかでは、生産物の共同使用は、蓄財目的の交換の抑制、つまり経済格差の是正と結びついている。市場制度に共有的な領域をつくり出すことが、経済に一定の限度を付与することになると考えたのである。

これからの経済システムで大事なことは、無償もしくは低価格で利用できる社会的な公共の領域をつくり、その領域を押し広げることである。初等教育や予防接種、公営プールなどのように、大学院までの教育、介護、育児、公共住宅、公共交通機関、Wi-Fiなども社会インフラとしてできるだけ市場原理と切り離す必要がある。こうした領域では必要と生産が直接結びついている。それに賃金の一部をベーシックインカムや給付付き税額控除などで社会化できれば、経済システムは大きく変わる可能性がある。ベーシックインカムとは、すべての社会成員に対して、その就労の有無にかかわらず無条件に一定額を恒常的に支払う所得保障制度である。

社会主義を再定義する

19世紀の社会主義はこの共同性を生産手段の社会化によって実現しようと考えた。近代社会主義が生まれた当時は土地が主要な生産手段であった。したがって、その所有形態がまず問題にされるべきと考えられたため、所得分配の変革という「目的」ではなく、生産手段の所有形態という「手段」によって社会主義が定義されたのであった。

現代において、アリストテレスの目的論に立ち返って社会主義を定義し直すとすれば、それは、基礎的な社会サービスの提供と基礎的な所得保障によって人々の生存権を無条件で保障するものとされ

＊44　『アリストテレス全集17』神崎繁他訳、岩波書店、2018年、75―76ページ。

るべきである。生産手段の社会化、私的所有の範囲はその社会的サービスの給付の必要に応じて事後的に、自ずと限定されるであろう。さらにまた私的セクターは社会的サービスのセクターと長期にわたって併存するであろう。[*45]

デヴィッド・グレーバーは、『ブルシット・ジョブ』で、ムダな労働の削減、労働時間の短縮と職業選択の自由度の重要性を次のように語っている。

「エコロジカルな観点からしても、地球を救うことのできる最も即効的な方法が労働時間を削減することである。仕事の半分がブルシットだとすると、それをなくして、あらゆる人が一日4時間の労働ですむようにできないのか？[*46]」

さらにグレーバーはそうした経済への移行の触媒として、ベーシックインカムの重要性について言及している。

「完全なベーシックインカムによるならば、万人に妥当な生活水準が提供され、賃金労働をおこなったりモノを売ったりしてさらなる富を追求するか、それとも自分の時間でなにか別のことをするか、それにかんしては個人の意志にゆだねられる。こうして労働の強制は排除されるであろう。ひるがえって、それによってより好ましい財の分配方法が切り拓かれるかもしれない[*47]」

この主張は、イリッチの働かないことの積極的意義の議論とつうじる。ベーシックインカムは、労働市場における就労圧力を緩和することによって、彼のいう「失業の権利」を所得の面から支える役割を果たすであろう。そのことは労働疎外を軽減し、有意義な就労を求めることに道を開く。現在の賃金と社会保障給付に加えて、各自が月額アメリカなら500ドル、日本なら3万円程度でも無条件に収入を確保し、家族でそれを積み上げれば、労働者側の交渉力が格段に強まり、職業や教育選択の幅が広がる。意味を感じない仕事を辞めることもできるし、意味のある雇用を提供できない企業はより高い賃金を支払うか、淘汰されるであろう。したがって女性、障がい者などはより働きやすい職場を得られる可能性が高まる。[*48]

フランスの経済学者トマ・ピケティも、ベーシックインカムが、権力と機会の分配の改革、所得の下限の保障、公正な労働報酬に基づく社会、「公正賃金」を実現するために必要とみている。同時に彼は、ベーシックインカムを他の制度すべてを無用にしてしまう魔法の解決策としてみてはいけない

＊45 これに対して共産主義を定義することは難しい。「ゴータ綱領批判」（1875年）でマルクスは、「各自はその能力において、から各自はその必要に応じて」（From each according to his ability, to each according to his needs）と社会主義から共産主義への移行を特徴づけたことは有名である。この場合の「必要」がどの程度かはさまざまに解釈できるであろうが、たとえば生活に十分な程度の所得保障と各種の公共的社会サービスで日常の必要を十分満たせるとすれば、搾取関係が残存するもとでも「必要に応じた」分配は理論的には実現可能である。

＊46 グレーバー、前掲＊40、254—255ページ。

＊47 グレーバー、前掲＊40、360ページ。

とも警告する。

「ベーシックインカムの思想は、他の社会政策の大幅な削減を正当化するために、あらゆる社会的な義務を『これで全額支払いました』という形で使われてきた。だからベーシックインカムを、資産と所得の累進課税、ユニバーサル資本支給、社会国家を含むもっと野心的なパッケージの一要素として考えるのが重要だ[*49]」

しかしこうした構想は、企業側からの反発が当然予想されるため、その導入に際して、労使間の軋轢が高まることは必至である。したがって、その実現のためには広範な社会層の強い政治的決意が必要となる。社会的セクターが重みを増し、主要な資源配分の意思決定が企業ではなく社会によっておこなわれる共同社会を展望することができ、その過程が民主的におこなわれるならば、われわれはそれを社会主義社会とよぶことができる。またその際に、国家が誤りを犯すことも当然考慮すべきである。社会的サービスと所得保障があれば、国家や経営体が誤りを犯した場合でも、人々の生存権は無条件に保障される。20世紀のスターリン型社会主義は、レフ・トロツキーが『裏切られた革命』（1936年）で批判したように「従わざるもの食うべからず」であった。「従わなくても食える」——これが新しい社会主義である。[*50]

＊48 労働者が、離職を選択できるほど所得に余裕があれば、流動的で柔軟な労働市場ができあがり、生産性も高まることが、最近の事例でも紹介されている。アメリカの金融評論家クラウディア・サームは、自身のブログで、コロナ危機下の２０２１年から22年にかけてのいわゆる『大離職』（the great resignation）によって、多くの労働者がより生産性の高い仕事に移ることができたと述べている。「米国はパンデミック時に手厚い所得補助をおこなったが、ドイツなどのように不況下で労働者を雇用主につなぎとめることを優先しなかった。その後、米国では需要が急速に回復し、多くの労働者がより賃金の高い（生産性の高い）職種に移った」。「大離職」が可能になったのは、コロナ禍初期に失業手当の金額を大幅に割増したことの結果である。これは労働者が金銭的にゆとりを持つことがマクロ経済に及ぼす積極的な効果を示すものといえる。Sahm, Claudia (2024) "Why is Growth So Good and How Do We Keep it Going?", Claudia Sahm from Stay-At-Home Macro (SAHM), Dec. 3.

＊49 ピケティ、前掲＊30、８９９―９００ページ。

＊50 本節は、説明の必要から本田浩邦『長期停滞の資本主義』（大月書店、２０１９年）の内容と一部重なる。

4 イノベーションは未来を切り開くか

経済の長期停滞を脱却するということで成長戦略やイノベーション促進が掲げられているのはアメリカも日本も同じである。しかしアメリカも日本もイノベーション・エコシステムは十分には機能していないといわれる。イノベーション・エコシステムとは産官学、あるいは経済全体で技術革新を生み出す社会的土壌を指す。いまアメリカは経済インフラの再建とともに半導体の国内生産に乗り出している。日本も最先端の分野に投資を集中し、そこで新たな技術と製品を開発しようと懸命である。

しかし、そうしたエコシステムができるかどうか、できたとしても、経済の長期停滞は打開できるであろうか。あるいはそれが一般庶民の豊かさにつながるかどうか、それが問題である。

最終消費は質量ともに「飽和状態」

前節まででみたように、20世紀半ばの数十年を経て、需要面では、すでに一般家庭の大半は基本的な生活を送るという意味で十分な生活必需品で満たされ、市場は飽和状態にある。現状は、いわばスポンジが限界まで水をふくんだような状態といえる。

1950年代から60年代に白黒テレビ、電気洗濯機、電気冷蔵庫、電気掃除機、ステレオ、電話、エアコン、カラーテレビ、その後、80年代までに電子レンジ、ビデオテープレコーダー（VTR）が現れる。その後、1980年代後半以降の製品として、温水洗浄便座、システムキッチン、パソコン、携帯電話、デジカメ、液晶テレビなどが家庭に入り込んできた。より新しいものも生活の利便性を高めたが、それ以前と比較すれば、経済成長を牽引するという点ではやはり見劣りするといわざるをえない。高度成長期のようなシロモノ家電、その後のクロモノ家電が長期にわたって市場を膨らませたような時代は過去のものとなった。つまり現在の経済は、19世紀までの古典的な資本主義の特徴である「希少性の経済」ではなく、「余剰の経済」である。そのもとでは、大きな付加価値をもたらす製品の開発は難しい。

現在の高められた生産力は、目にみえる過剰生産物というかたちではなく、設備稼働率の低下や生産的投資の抑制、未実現として現れる。つまり現代の経済は、生産と消費が情報のフィードバックによって高度に管理された経済である。もちろん、「管理経済」といっても、環境破壊やフードロスのような「外部的」な非合理性を抑えることはできず、「余剰経済」といってもみんなが物質的に豊かだということではない。「余剰経済」の裏面で、不足の分野や貧困が多くある。教育、育児、介護、余暇、その社会インフラなどの分野は競争的経済の犠牲となり、それが現代的な貧困をもたらしている。ガルブレイスがかつて述べた「私的投資と社会的投資のアンバランス」である。

資本主義は生産性を高めるという点ではきわめてよくできたシステムであるが、経済格差や社会的資源配分のアンバランスに対処することはとても苦手である。技術革新は現在も今後もあり、ますます便利なものが安く手に入るようになることは事実である。しかし、企業間競争やグローバルな供給源の多角化によって、付加価値は削減され、利潤は極限まで切りつめられる。付加価値と利潤の圧縮が蔓延した経済のもとで、自己の取り分を最大化しようと企業はますます労働力の搾取強化へと突き進む。アメリカや日本といった国際的に最も生産性の高い国で雇用の劣化と賃金停滞が起こる理由はここにある。

われわれは、1930年代から政府が有効需要の不足を補うために赤字支出によって投資需要を喚起するという政策をとったことを知っている。しかし、これは需要の不足した状態（供給過剰）に対して、消費需要ではなく、投資需要を高める、つまり供給力を高めるという矛盾に満ちた政策であった。この政策は、短期的には経済成長率を高める多少の効果はあったが、長期的には自滅的であった。その直接的な結果が戦後のインフレーションであった。

イノベーションの「勝ち組」たちはどうしているか？

もしも技術革新が起こり競争に打ち勝ったとして、その先はどうなるか。半導体のグローバルなサプライチェーンを例にとってみると、現在そのおもなプレーヤーは中国、台湾、アメリカ、韓国、日本であり、欧州は露光装置のメーカーであるオランダのＡＳＭＬなどわずかにすぎない。つまりこの分野はわずか数か国の企業がそのほとんどをつくり出し、それを他の国が買うという国際分業である。

しかし競争に加わらないからといって「負け組」ということにはならない。半導体の分野で、アメリカはマイクロンなど有力な企業がたくさんある。しかしそのアメリカ国民がはたしてそのおかげで裕福かといえばそうではない。逆に、ヨーロッパのいくつかの福祉国家のように、半導体をつくる超絶技巧は持ち合わせなくとも、所得再分配がうまくいっている国のほうがはるかに国民の生活は豊かである。所得再分配をうまくやり、半導体先進国からそれを買って有効に利用することができれば豊かに暮らせる。オリンピックのメダルの数がその国の国民の健康状態と直接的な関係がないのと同様、半導体産業の競争力も国民の経済的厚生の水準と直接の関係はない。もちろんいずれの産業分野にせよ、国際競争力があるに越したことはない。その分、所得分配の資源となりうるからである。しかし問題はそのパイを切り分ける所得分配のやり方にあり、そちらのほうがはるかに重要である。

企業はどこへ向かう?

では、実際に、現在のアメリカや日本の大企業がなにに力を入れているかをみてみよう。日本の高度成長を支えた名だたる大手メーカーがいまなにをやっているかを思い起こしていただきたい。それは、AI、5G(第5世代移動通信システム)、ホームエンターテインメント、スマート家電、スマートフォン、ウェアラブル端末、ゲーミング機器、小型カメラ、ミラーレスカメラ、健康器具、取引で発生する個人情報を保護するためのサービス、通信機器の安全性を管理するシステムなどなどであり、さらにそれらを取引するためのファイナンシャルサービス、クレジットカード事業など支払い決済、決済代行事業、個人向けローンなどが加わる。つまり、眼前の高付加価値の分野に参入し、そこでの市場支配力を高めることこそが喫緊の課題だというのである。

確かにイヤフォンをワイヤレスのネックバンドにし、DAC(デジタル・アナログ・コンバーター)につないでSpotifyで聴くことで気軽に高品質な音が楽しめる。しかしこれらは、戦後1970年代初頭までに登場した音響関連機器の衝撃と比較すべくもない。現在の製造企業に、かつての技術革新を担った企業群の偉大な面影はもはやない。

今日の新製品の多くは、すでにある機能を追加的に延長したものであり、家事労働の節約、エンターテインメントの質的向上などにほとんど役に立たないものが多い。それらのめざす製品の効用は、生活の必要からますます遠のいたものになりつつある。その製品が市場に投じられたとしても、既存製品の更新需要を置き換えることプラスアルファぐらいにしかならない。有名な経営学者のクレイトン・クリステンセンは『イノベーションのジレンマ』という本のなかで「性能の供給過剰」について述べている。つまり、ユーザーが理解も消化もできない高度な機能をもった製品がつくられていると彼はいう。そのことで、生活の真の必要から乖離した経済領域への投資がますます肥大化する。これも長期停滞のもとでの経済矛盾のあり方の一つといえる。*51

シアーズ=ローバックの教訓——100年前の流通業の「買い手独占」

しかしこうした情景に既視感がないわけではない。われわれは、同様のものを100年前のアメリカ流通業にみいだすことができる。

アメリカのシアーズ=ローバック社は、モンゴメリー・ウォードと並んで、19世紀末、カタログ販売で小売業での独占的な地位を確立した企業である。*52

19世紀半ばから20世紀初頭にかけてアメリカでは大陸横断鉄道が開通したころで、また地方の人口は孤立していた。物流は何重もの段階を経なければ商品が顧客に届くことはなく、その間、仲介業者、運輸業者、地元の小売りなどを経由するうちに、中間マージンが上乗せされ、商品の売り値は原価の何倍にもなった。カール・マルクスが『資本論』で商業利潤というカテゴリーを説明しなければならなかったゆえんである。

当時「メール・オーダー・ハウス」とよばれたシアーズなど通販会社は、大都市から地方の農村のすみずみまで、一軒一軒にカタログを配布し「どこよりも低価格」を謳い文句に急成長を遂げた。「買い手独占」として製造業者から安く買い叩き、地元の伝統的な地域密着型の小売商店をなぎ倒したため強く非難された。しかし安いものを求める農民からは絶大な支持を得た。

シアーズ＝ローバックやモンゴメリー・ウォードのカタログにない商品は事実上市場にないのとほとんど同じであった。したがって「市場支配力」という意味で、今日のAmazonや楽天と似ている。シアーズが市場の一部であるというより、シアーズ自身が市場宇宙である。生産者のみならず顧客もこの小売最大手の営業戦略に大きく左右された。

イノベーションの方向性

現代との類似性という点でもう一つ重要なことは、当時のイノベーションが向けられた方向である。当時のシアーズの扱っていた品目は、時計、家具、食器、馬車の車体、乳母車、ストーブ、銃火器、

＊51　クレイトン・クリステンセン『イノベーションのジレンマ――技術革新が巨大企業を滅ぼすとき』伊豆原弓訳、翔泳社、2001年、第9章。

＊52　同社の歴史については、鳥羽欽一郎『シアーズ＝ローバック――流通企業のイノベーター』（東洋経済新報社、1969年）を参考にした。

図表3-3　シアーズ＝ローバックのカタログ（1902年版）

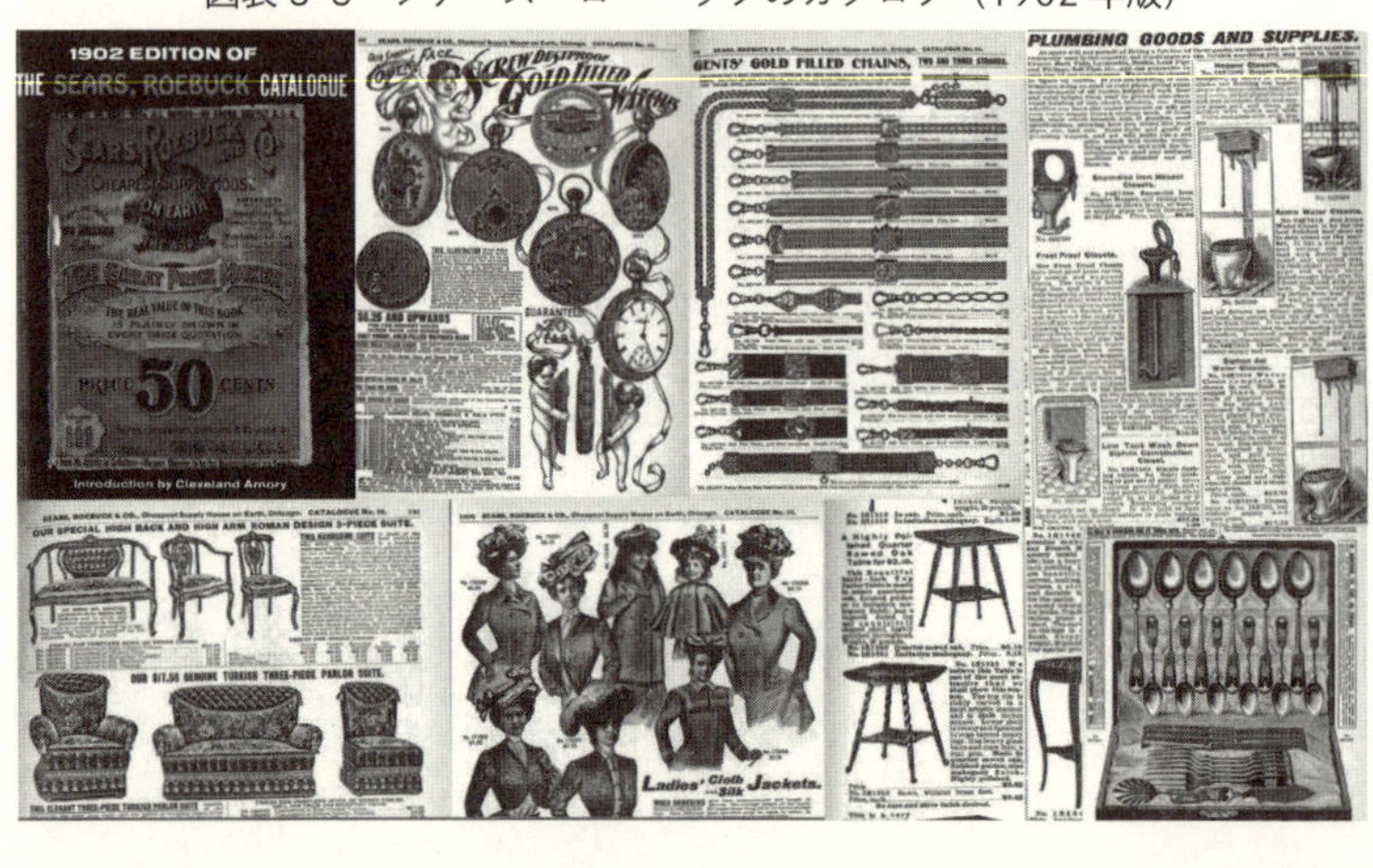

カメラ、オルガン、靴、ペンキ、農耕具などである。**図表3―3**は1902年の同社のカタログであり、そこには19世紀末から20世紀初頭の商品ラインナップが細密な絵で示されている。それらをみると、時計にしても、銀製品や家具にしても、基本的な品質以上に装飾的な技巧が凝らされていることがわかる（もともとシアーズは時計の通販から始まった企業であり、時計がカタログの最初にある）。

時計や家具など、製品の基本性能においては差別化が困難なため、装飾的な加工が施され、付加価値を高めようとしたことがうかがえる。時計関連では、懐中時計のフタや鎖などに装飾が凝らされ、それらは一つ一つが工芸品ともいえるものである。アメリカ社会学の祖、ソースティン・ヴェブレンが『有閑階級の理論』（1899年）[*53]のなかで、「有閑階級」、つまり社会の支配的な富裕層の「顕示的消費」について論じているが、そのとき彼の念頭にあったのはこうした優美でステータスを感じさせる付加価値の高い商品だったと思われる。

ヴェブレンは、「価値の高い財の顕示的消費は、有閑紳士が名声を獲得するための手段である」と述べ、その具体的な品目として「カーペットやタペストリー、銀製の食器、給仕人のサービス、シルクハット、糊(のり)のきいたリンネル製品、多種多様な宝石や衣料」を挙げているが、それらはまさにこの時代のカタログの内容そのものだった。

在来の商品に細工を施し、洗練さを加えることによって付加価値を付け加えることに技術の力点が置かれたことと、現在、薄型のテレビやモニターをさらに薄くしたり、自販機の清涼飲料水のラインナップにさらに新たな飲み物を加えたりして付加価値を付けようとする姿は、いわば内向きのイノベーションという点で本質的に同じではないか。

100年前、ブレークスルーは可能であった

現代と異なるのはその後の推移である。シアーズ＝ローバックの場合、1920年代後半になると、19世紀末以来の技術革新の成果が市場に現れ、家電製品のラインナップが一変し、一気に市場のブレークスルーが起こる。**図表3―4**にみられるように、家電製品の登場と普及によって経済生活の基盤は劇的に変化した。ここではフロアランプ、アイロン、掃除機、ラジオなどが描かれている。シアーズは、自動車の車体こそ取り扱わないが、タイヤやシートなど関連製品をこのカタログをつうじて販売している。この時代になると、それぞれの製品もそれまでの技巧的な細工は影をひそめ、大量生産

＊53　ソースティン・ヴェブレン『有閑階級の理論』高哲男訳、講談社学術文庫、2015年。

図表3-4　シアーズ＝ローバックのカタログ（1927年版）

のために簡素化が図られた。大量生産、大量消費が付加価値生産の主軸となったのである。

また顧客はモータリゼーションのおかげで、直接店舗に足を運び、製品をみて比較し購入するようになった。シアーズもこの時期に全国的な百貨店としての店舗展開に乗り出す。アメリカの都市人口が農村人口を上回ったのも１９２０年代である。こうした日常生活を一変するような製品がその後数十年間、生活のすみずみに行きわたるまでつくられ、販売されつづけた。それが20世紀半ばの経済成長の巨大な山をつくり上げたのである。

１９７０年代以降の長期停滞は、こうした19世紀末以来の技術革新のうねりが収束し、付加価値をもたらしにくくなった結果起こったものといえる。ちなみにシアーズは、２０１８年に連邦破産法第11条の適用を申請し、その歴史を閉じた。

21世紀のイノベーション

ではこれからの世界経済で、こうした経済生活の基盤を根底から変革し、経済成長の新たなパターンを生み出すようなイノベーションが起こるのかどうか――これが問題である。

イノベーションが長期停滞を克服するとみる論者もある。労働節約的技術の導入によって、人口の高齢化やそれにともなう過剰貯蓄と労働参加率の低下が相殺されGDP成長率が維持され、今後も技術革新がつづけば、長期停滞は克服できるとの見方もありうる。

また、今後、技術の応用範囲が拡大すれば生産性が回復し、グローバルな貯蓄過剰が縮小することによって金利も上昇し、経済停滞は克服されるという見方も可能であろう。

そうした可能性が現実のものとなるためには、生産の受け皿となる所得分配の大幅な是正と実質賃金の上昇による消費需要の拡大が前提となる。

しかし現実は経済停滞のもとで、「労働節約的技術の導入」や「技術の応用範囲の拡大」は、賃金と雇用の抑制を目的としたものとなりがちである。新しいイノベーションは今後もますます現れ、その結果、生活の利便性は高まるだろう。したがって名目賃金が停滞しても消費の質は向上する可能性はある。しかしすでに述べた理由によって経済全体での付加価値が大きく生み出され、新たな経済成長の時代が訪れると期待することは難しい。したがって私は、「市場の飽和状態」「性能の供給過剰」の問題と、さらには環境制約の問題という3つの壁に制約され、イノベーションが起こっても、先進諸国において、高い経済成長――たとえば3～5％といった――の復活は困難ではないかと考える。人間が意識的に経済成長のスピードを抑制し、基礎的な生活の必要に合わせて生産を合理化する以外に矛盾の解決はないであろう。長期停滞とうまく共存するためには、経済構造そのものの転換が必要である。

第4章　経　済②——マクロ政策および処方箋

1　1990年代以降のマクロ経済政策

マクロ経済政策の段階的特徴

１９７０年代以降、アメリカの政策担当者たちは、長期停滞の原因を生産性上昇率の鈍化、貯蓄不足ととらえ、当初は財政政策を動員してそれを乗り切ろうとした。その軌跡は、端的に貯蓄投資バランスに表されている。**図表４—１**は、家計、企業、政府、海外それぞれの部門の収支をＧＤＰ比でみたものである。

まず政府部門をみると、収支の低下傾向は１９７０年代に急激に悪化した。この大規模な政府支出は１９７０年代と80年代初頭までの深刻なスタグフレーション（経済停滞とインフレーション）のトリガーとなった。

インフレを強引に抑え込んだのは、１９７９年にＦＲＢ（連邦準備制度理事会）議長に就任したポール・ボルカーによる強い引き締め政策（ＱＴ）であった。通貨供給量を極端に絞り込んだために、金利

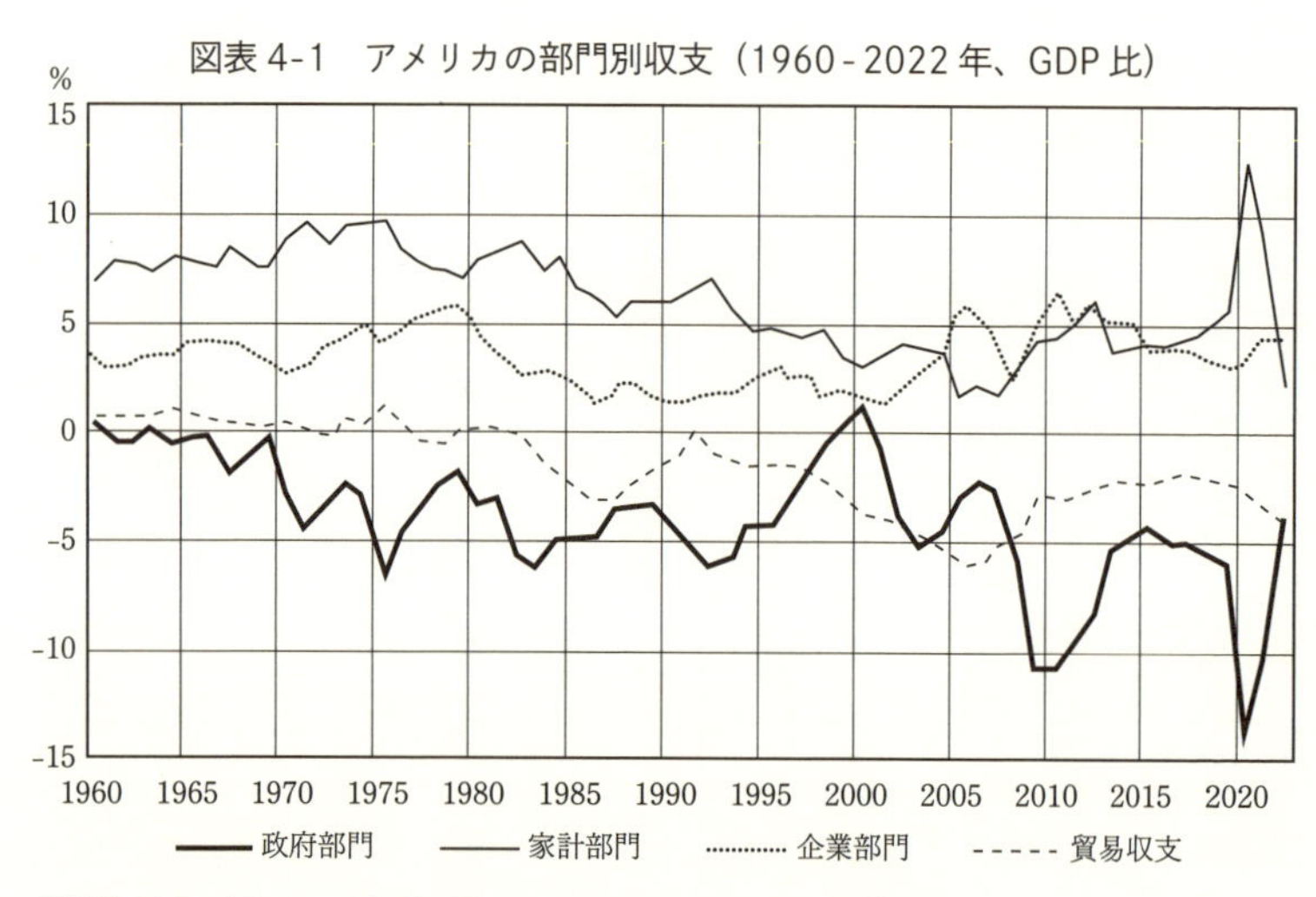

図表4-1　アメリカの部門別収支（1960-2022年、GDP比）

（出所）Federal Reserve Bank of St. Louis Economic Data より作成。

は2桁まで上昇した。インフレは収まったが、強い景気収縮に悩まされた。その後も収支はレーガン軍拡と減税政策などの影響で、マイナス5％の水準まで低下し、その水準が1990年代初頭までつづく。

その後、政府収支は横ばいで推移するが、それ以降、高金利とドル高によって経常収支が悪化し、家計収支も赤字が拡大しはじめる。結局、マクロ経済の不均衡は、スタグフレーションから財政と貿易の「双子の赤字」とかたちを変えて、経済の根底に残った。

財政赤字に対する懸念が高まるにつれ、経済政策の主軸は金融政策へと移動した。グリーンスパン時代（1987年8月―2006年1月）に、ブラックマンデーやLTCM救済を契機に金利は徐々に引き下げられた。**図表4―2**は10年国債の額面利回りと市場利回りを示している。短期金利は80年代初頭以降、大幅に上下するが、10年国債は一貫

図表4-2　アメリカの物価と金利、および成長率（1982-2022年）

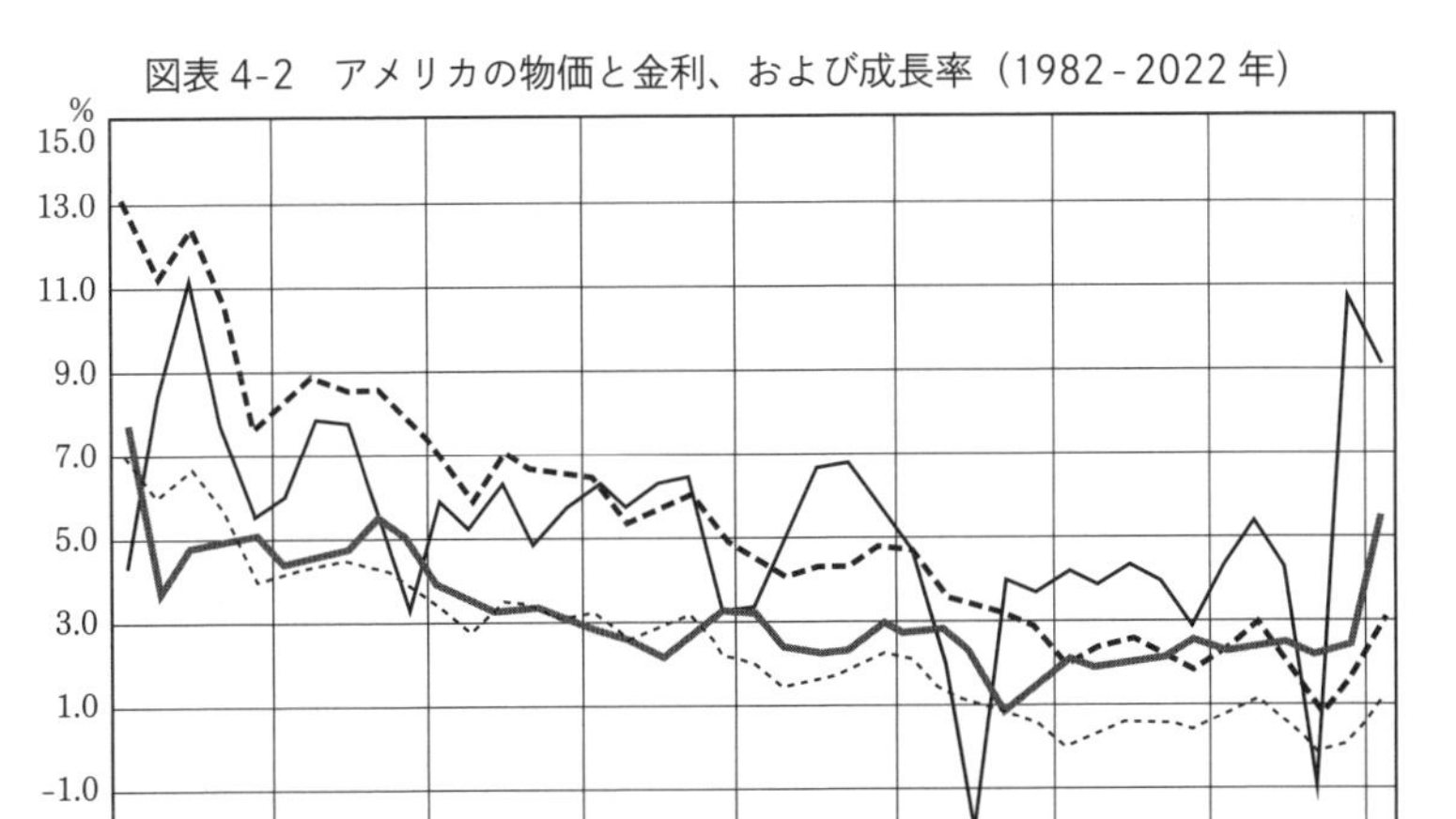

（出所）Federal Reserve Bank of St. Louis Economic Data より作成。

して低下をつづけたことがわかる。90年代後半のおよそ5～6％から世紀の転換期には3％まで下落し、コロナの拡大以前に額面利回りと市場利回りがともにゼロ近傍まで落ち込んだ。

重要なことは、こうした金利の低下が家計と企業部門の貯蓄低下と同時に起こったことと、そうした消費性向の増大がさしたる物価上昇をも引き起こさなかったことである。物価と失業率の低位の時代は、「大安定期（グレート・モデレーション）」とよばれた。

他方、失業率と物価の安定の背後で、資産インフレが徐々に顕在化した。1990年代、FRB（連邦準備制度）ではFOMC（連邦公開市場委員会）内で物価安定という場合、消費者物価指数のみをターゲットとし、資産価格は度外視するという慣例ができたといわれるが、[*1] 住宅や株価の上昇は、インフレあるいはバブルとはよばれず、ブームとみなされ、しかもその資産効果（資産価格上昇をあてに消費者が消費を増やす傾向）がもてはやされた。しかし、資産上昇の恩恵が平等に配分されているわけではなく、金融緩和によって富裕層はますます豊かになり、低所得者層は高い住居費、エネルギー価格、教育費、医療費に苦しむことによって経済格差が広がった。

長期にわたる低金利は、金融市場でのレポ取引市場（債権を担保にした資金の貸し借り）、デリバティブ、CDO（債務担保証券）を膨張させ、その後、金融危機を招来するひずみを生み出した。レポ市場の拡大は、ヘッジファンドやプライベート・エクイティを市場によびよせる結果となった。

そうしたなか、住宅市場の崩壊を契機に、2008年に金融危機が発生した。この対処のためにFRBは6000億ドルという大量の資金を市場に注入した。その後、危機は表面上沈静化したが、回復後も、金融緩和策は縮小されることはなかった。バーナンキ連銀議長は、これまでは緊急時の危機対応策であった大規模な金融緩和を平時の景気浮揚策として恒常的に用いた（QE1〜QE4）。

「われわれは信用リスクを社会化した」

コロナ感染症のパンデミックが起こって以来、FRBは90日間で3兆ドル、つまりリーマン・ショック時の5倍の資金を市場に注入した。企業の債権のみならず、ジャンクボンドまで購入するという無制限の介入に踏みきった。金融ジャーナリストのクリストファー・レオナルドによると、あるトレーダーは「われわれは信用リスクを社会化したのだ。そして経済の働き方の性格を永遠に変えたのだ」と述べた。[*2]

こうした一連の政策的緩和の積み重ねの結果、長期停滞の状況が基底で作用したまま、経済には後述のように、1970年代のスタグフレーションやその後80年代の「双子の赤字」の時代とも異なった歪みが随所にもたらされるようになった。

したがって、この間の金利政策は、長期停滞の視点からみると、次のように段階的にまとめることができる。

金利は1970年代まで、経済成長率を上回る水準で推移したが、それは当時の物価水準の高さに規定されたものであった。つまり戦後のケインズ政策の展開とともに物価と金利は比較的高くなる傾向があった。その後、80年代以降、金利は一貫して低下傾向を示し、現在までに、低位の経済成長率と重なる水準にまで落ち込んでいる。

この時期に家計貯蓄率と企業貯蓄率はともに低下している。一般的には、金利は貯蓄と投資によって決まり、金利が下がると投資が回復すると考えられ、貯蓄不足は金利を引き上げるはずであった。しかし実際には、貯蓄と投資が相互的に収縮し、金利がそれらを均衡させる役割を果たさなくなった。[*3]

＊1　「クリスチャン・マラバイ［グリーンスパンの伝記作者――本田］によると、資産価格ではなく物価を重視するという決定は徐々に固まったものであるが、1990年代までには確立していた。これはグリーンスパン時代に固有のものではない」(Leonard, Christopher (2022) *The Lords of Easy Money: How the Federal Reserve Broke the American Economy*, Simon & Shuster, p.83)。
＊2　前掲＊1：Leonard (2022) p. 282.
＊3　ポスト・ケインジアンのなかには、エクハルト・ハインのように均衡利子率などというものは経済学者の頭のなか以外には存在しないとの批判があるが、確かに利子率の均衡作用が働く条件は限られている。Hein, Eckhard (2016) "Secular Stagnation or Stagnation Policy?: Steindl after Summers", *PSL Quarterly Review*, 69(276), Mar. pp. 3-47.

図表 4-3　アメリカの GDP・マネーサプライ（M2）・ベースマネー（2000-2023 年）

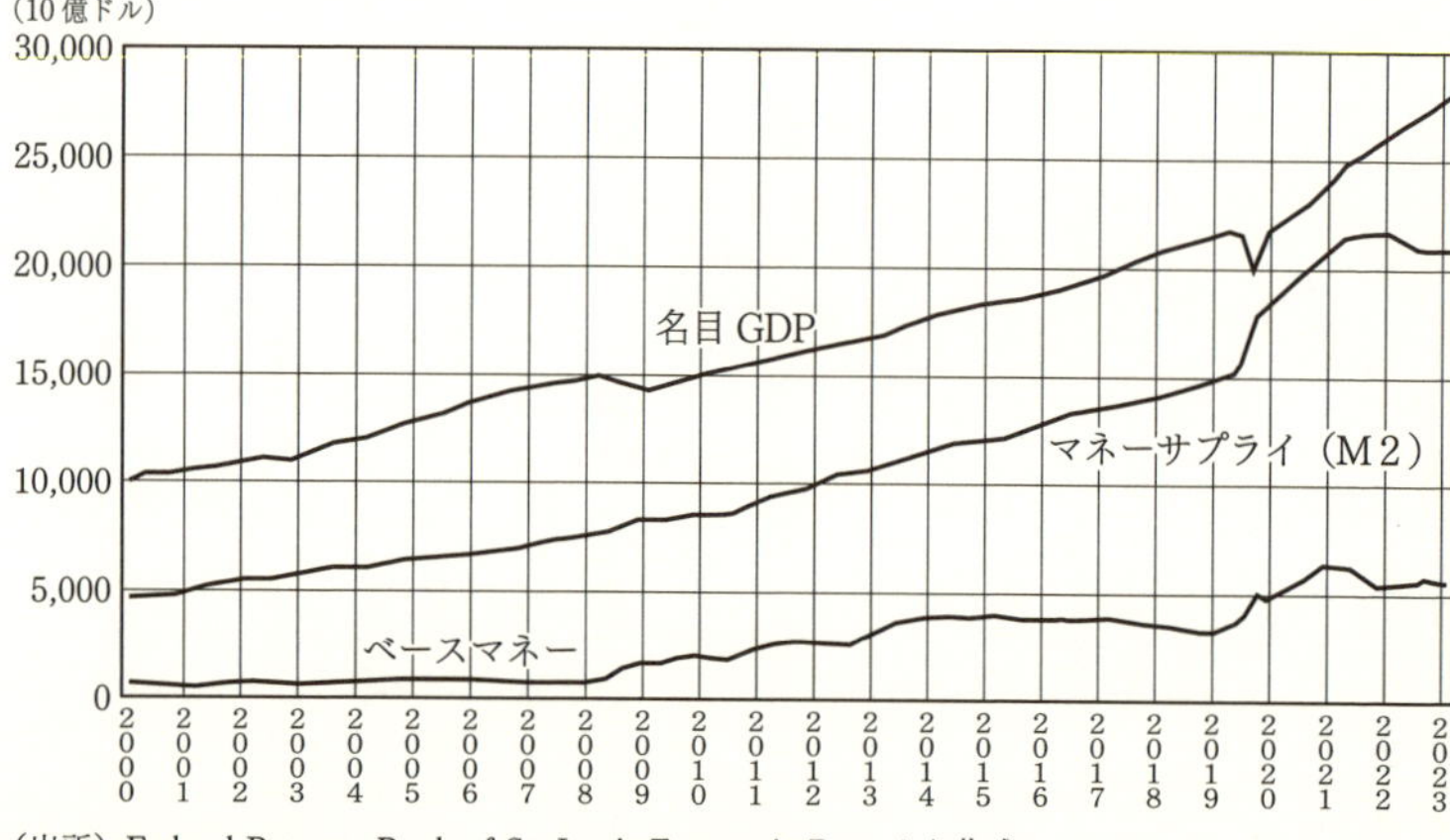

（出所）Federal Reserve Bank of St. Louis Economic Data より作成。

現在の金利の低位は、財政赤字の金利負担の累積を抑えるという副次的な効果をも持った。しかしそれは他面では、景気が落ち込んだ際に金利の下げ幅の余地を制限し、いったん金利が上昇すると資産価格の急落、国債利払いの上昇という問題に火がつく可能性を強めている。

マネーサプライ

次に市場にどの程度の通貨が供給されているかをみてみよう。ここでは国内総生産（名目）、マネーサプライ（通貨供給量＝現金と銀行預金など）、ベースマネー（現金と民間銀行が保有する中央銀行当座預金の合計）の長期的推移をみる。現在の準備預金制度のもとでは、ベースマネーが増えると市場に供給されるマネーサプライも増加すると考えられているが、実際はそう単純ではない。

図表4―3は、アメリカの2000年以降現在までのベースマネー、マネーサプライ、名目GDPの変化である。国内総生産に対するマネーサプライの比率を経済

学では「マーシャルのK」という。この値は、アメリカの場合、伝統的に2008年の金融危機までは0・5で推移していた。つまり経済規模の半分のマネーが経済に吸収されていた。しかしその後、その割合は急増し、現在0・89である。つまりマネーサプライがここ20年余りで経済規模に比して倍増した。

倍増したのは、すでにみたように、2008年に起きた金融不況対策としてFRBはベースマネーを急激に引き上げ市場に資金を注入したことにはじまる。

通常、理論的には、ベースマネーを増やせば銀行貸出が増え、それが経済を上向かせると考えられていた。しかしこの金融危機直後のベースマネーの変化は、マネーサプライに目立った影響を与えることがなかった。これは明らかに経済学の想定を裏切るものであった。ニューヨーク大学のポール・クルーグマンは当時これを「マネタリズムの死」とよんだ。

経済学がベースマネーとマネーサプライを機械的に連動するものとし信用創造は無限であると想定していたのは、企業や民間の資金需要が無限にあるとの前提があったからであるが、実際にはそうでなかった。

しかし、その後もFRBは緩和をつづけ、徐々にマネーサプライは上昇した。しかし金融緩和の効果はなく、経済成長率はその後も低迷をつづけ、2011年から2019年までの経済の平均成長率は2・2%、2020年から2021年までは1・1%と停滞傾向を食い止めることはできなかった。不況に際しては中央銀行が積極的にマネーサプライを拡大し、経済成長のアクセルを踏むというのが主流派の経済政策であったが、ベースマネーを増やしてもマネーサプライが思うように拡大せず、さらにはマネーサプライが増えても経済成長は上向かないということが明らかとなった。

現代経済は余剰の経済であり、新しいものをつくっても思うようには売れず、投資需要には制限がある。政府が当座預金を増やし、金利を下げても、経済成長率の見通しが低ければ、借り手は現れない。アメリカ企業は長期停滞の経済に直面して、実体経済への投資を回避し、労働報酬を抑制し、労働から資本への所得移転を加速することでその収益性を維持しようとする戦略をとったため、この戦略が結果的に経済停滞をより深刻にするという悪循環を生んだ。ベースマネーが増えても企業の実体的な投資需要は回復せず、バランスシート調整（企業の債務返済）や自社株買いに資金がまわされたにすぎない。

コロナ危機下での変化

ベースマネーとマネーサプライの関係に変化が生まれたのは、コロナ危機からの経済の回復過程においてであった。政府はコロナ対策に大規模な緊急経済対策をおこなった。それには、家計に対する直接給付型の支援がふくまれていた。マネーサプライは定義上、口座預金をふくみ、したがって児童手当の増額などはマネーサプライの拡大を意味した。マネーサプライは、金融危機のときとは異なり、急増した。

しかし、この政策は急激な物価上昇をもたらした。2021年後半から記録的なインフレ局面に転じ、FRBは22年3月以降、利上げに転じた。この時点でのインフレ高進の原因については諸説あるので、本章の第3節でそれを述べることにする。

以上のように概観すると、マネーサプライが経済成長と物価にほとんど影響しなかったパンデミック以前と、強く影響するそれ以降の時期とではちがいがあることがわかる。

大事なことは、長期的にみて、金利政策と通貨政策は徐々に効果を持たなくなり、政策的裁量の余地が狭まりつつあるということである。他方で、潜在的生産能力は内外ふくめて存在し、供給面は物理的には安定している。したがって大きな価格変動が生じる可能性は、コロナ・パンデミックの一時期や戦争などの場合をのぞいて低い。そのような供給サイドの安定傾向は構造的でありつづけている。したがって「グレート・モデレーション」の時代の物価と失業率の関係は基底的な傾向として現在でもつづいているとみてよい。裏を返せば、それは長期停滞の別の表現ということもできる。

金融緩和政策はアヘンである

停滞傾向のもとでの長期にわたる金融緩和による低金利は経済に大きな負荷をもたらした。その弊害は、およそ次のようなものである。

低金利による資本調達コストの低下は、企業の債務を膨張させ、自社株買いや配当などによって株など金融資産や不動産価格を押し上げた。戦後、家計資産のGDP比は0・5倍ほどの水準であったが、2020年代末までに5倍にまで膨れ上がった。また、低金利は、経営の金融化をもたらし、企業の金融収益依存を強める。同時に、企業買収を促進し、企業経営の莫大な資源を買収対策に向けることを余儀なくする。低金利は、淘汰されるべきゾンビ企業や実体のないユニコーン企業を繁殖させる。

他方で、資産を多く持たない一般の人々は、高い住居費、医療費、学費、学資ローンの支払いに喘いでいる。経済政策自体が、資産を持てるものと持たざるものとの経済格差を強めていることについてはすでに述べたとおりである。

さらに、低金利は、地方銀行や年金、生命保険など、金融資産運用で成り立つ分野の収益性を損ない、経営を圧迫する。低金利と通貨供給量の拡大はドル安を促進する。
歴史学者エドワード・チャンセラーは次のように記している。

「金融危機後、アメリカの企業債務は膨れ上がった。しかしそれは自社株買いや企業買収といった金融的目的への融資へと向かった。低金利は買収ブームの火に油を注ぎ、競争圧力を弱め、独占ないし寡占体制を強めた。ゾンビ企業、独占企業、金融機関は投資を削減し、経済の潜在的成長力を共同で抑制した[*4]」

長期の金融緩和による経済の歪の拡大は現在もつづいており、前出のクリストファー・レオナルドは次のように述べている。

「アメリカは経済問題に対処するために連邦準備制度（FRB）に依存したが、そのツールには深刻な難点があった。連銀はそのマネーで勝ち組と負け組の差を広げ、経済基盤をより不安定なものにした。脆弱な金融システムはコロナ・パンデミックで座礁し、その対応のためにFRBはさらに新たなマネーを創出し、既存のひずみを増幅させた[*5]」

アメリカの金融緩和（QE）は、リフレを目的とした日本と異なり、住宅ローンや社債の金利を引き下げ、投資や支出を刺激するためのものだったとバーナンキは説明している[*6]。しかし、FRBの資産購入やゼロ金利は、なによりも投資を促進する以上に資産保有層に対して恩恵を与えた。企業は資金調達コストが下がったことによって、負債を爆発的に増加させた。非金融法人の借り入れは2010年から2019年まで、6兆ドルから10兆ドルへと膨らんだ。その結果、1982年に解禁されていた企業の自社株買いが、90年代以降、低金利をバネに急増した。

まさに、常態化した低金利政策は、経済にとって副作用のきわめて強いアヘンである。いまやアメリカ経済は多臓器不全ともいえる状態であり、アメリカ自身がToo Big to FailあるいはToo Big to Bailの状況にある。グリーンスパン以来、歴代FRB議長は金融政策の「正常化」の機会をうかがってきた。しかし、それからの脱却が激しい禁断症状をともなうために先延ばしとなった。

今後、金融緩和の短期的な効果と長期的な弊害とがどうからみ合うかは即断しかねるが、アメリカの金利の引き上げは、国内の資産価格の低下のみならず、低金利でアメリカから外へ流出していた資産の価格下落を招き、金利負担の上昇という形で諸外国の経済危機を引き起こす可能性もある。メキシコ、ポーランド、トルコなど、低利で借り入れていた国は、FRBがテーパーリングを議論するたびに市場が下落する有様である。その意味では、1980年代の途上国債務危機のパターンの再現も非現実的ではない。

＊4 Chancellor, Edward (2022) *The Price of Time: The Real Story of Interest*, Atlantic Monthly Press, p. 237.
＊5 前掲＊1：Leonard (2022) p. 305.
＊6 ベン・バーナンキ『危機と決断――前FRB議長回顧録』小此木潔訳、角川書店、2015年、193ページ。

経済危機の焦点――株式と不動産市場がリスク

現在、金融政策のいびつな効果は、株式市場と不動産市場に最も顕著に現れている。**図表4―4**は、シラーPERである。シラーPERとは、1株あたりの純利益に対する株価の割合を指す。この指数が高い場合には、実態的な収益性と乖離した株高が生じていることを意味する。PERは、金融危機後に大きく下落したが、その後、急速に回復している。現在の株価収益率は1920年代や60年代の成長期をも上回っている。金融危機後の緩和政策のもとでの株価が異常な高騰を示していることがうかがえる。

図表4―5は、ケース＝シラー指数という不動産価格の増加を10大都市、20大都市、全米平均で表したものである。これも金融危機後に落ち込んだが、それ以降、かつてない水準に達したことがわかる。3つの指標とも、不動産価格はこの20数年で3倍化している。

政策当局のみならず、一般の人々がこうした資産の高騰をインフレとはよばないのは、F15戦闘機の価格が跳ね上がってもインフレといわないのと似ている。しかし実際には、可処分所得の多くが住居費にあてられ、これにさらに教育、医療、交通、通信といった生活に不可欠な費用を加算すれば、家計の必要な支出は、彼らの所得の伸びでは追いつかないことは明らかである。「大安定期（グレート・モデレーション）」とは大多数にとってはその言葉の意味と裏腹に、資産価格の上昇による富裕層への所得集中を意味する。「インフレ」の不在が、低金利継続を正当化し、その低金利が資産価格を維持し、上昇させる。低金利政策の客観的な機能はここにある。この過程が、結局は、実際の経済成長率とはかけ離れた資産価格を生み出している。この乖離はアメリカ経済にとって大きなリスクであ

図表 4-4　シラー PER（1918-2024年）

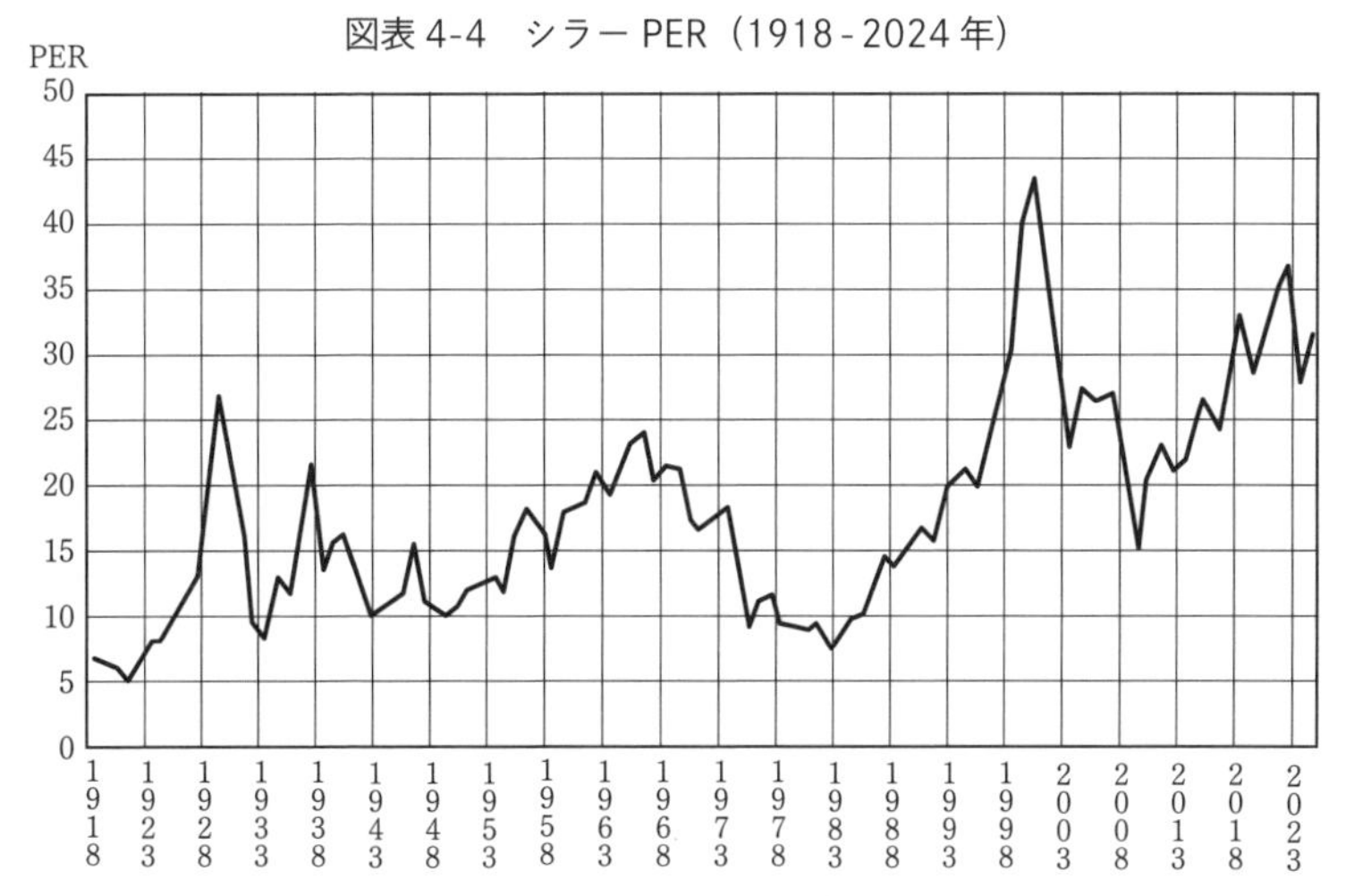

（注）シラー PER とは、1 株あたりの純利益に対する株価の割合。
（出所）Multple Financial and economic data, concise, quick, and clear より作成。

図表 4-5　ケース＆シラー不動産指数（2000年＝100）

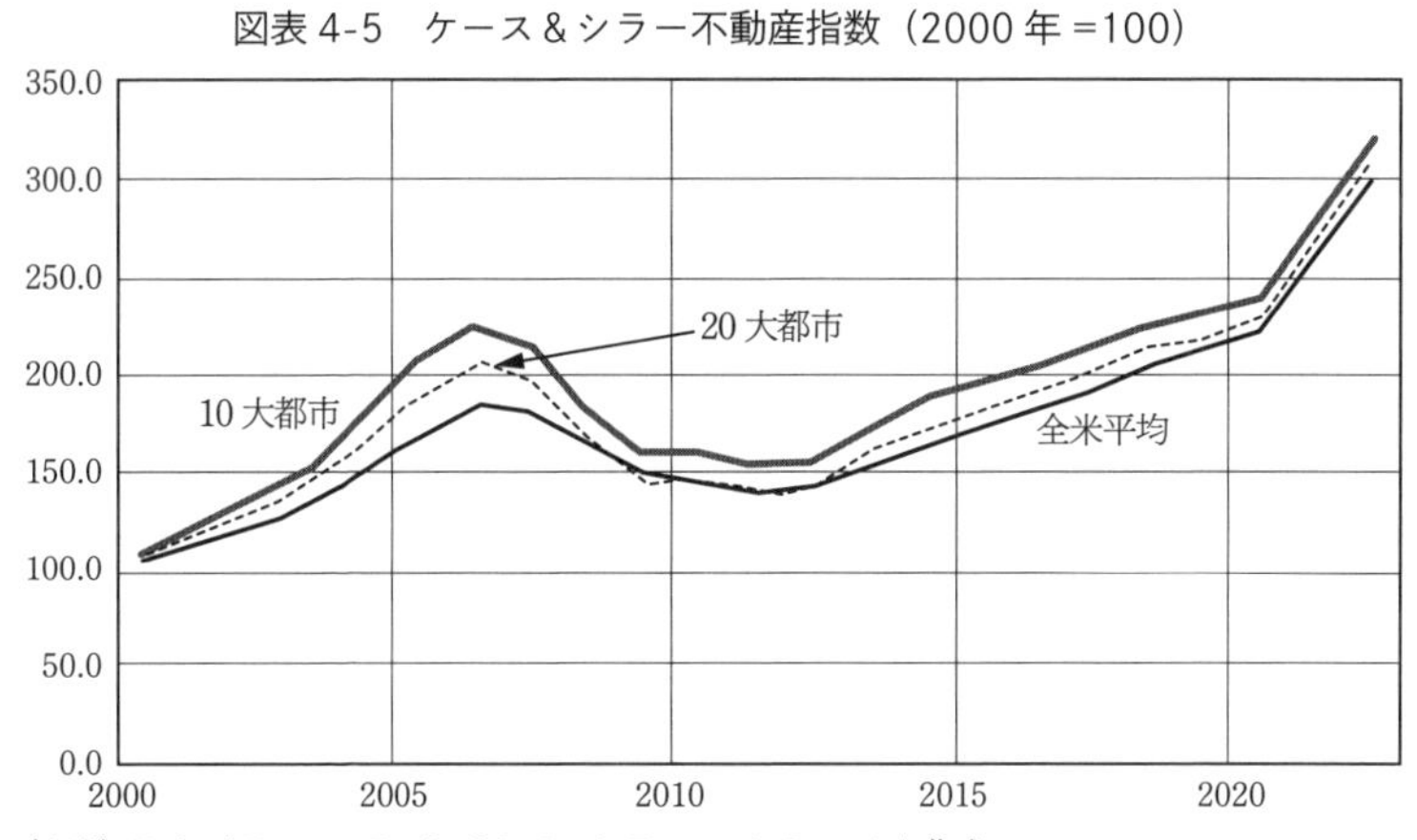

（出所）Federal Reserve Bank of St. Louis Economic Data より作成。

り、アキレス腱といえる。[*7]

このアメリカの不動産市場の特徴は、ヨーロッパとの比較でみるとより鮮明である。ユーロ圏をみると、通貨供給量のGDP比は金融危機以前の6兆ユーロから、2023年までに15兆ユーロと2・5倍に膨らんでいる。その間、GDPの増加は微増なので、全体でみるとマーシャルのKは、アメリカと同じように、この20年ほどで0・5から1に近づく伸びを示していると思われる。ちなみにイギリスもKの動きは同様である。

しかしユーロ圏がアメリカと異なるのは、金融緩和の不動産価格への反映の度合いである。ケース＝シラー指数は2010年第1四半期から2024年第2四半期まででほぼ1・5倍の上昇にとどまっている。アメリカが同じ時期に倍加したことに比べて、上昇幅はやや穏やかである。さらに賃貸価格は2010年と現在を比較しても2割程度の上昇にとどまっている。ユーロ圏では、公共住宅の提供や家賃補助などの政策によって、住宅価格がある程度社会的にコントロールされていることが不動産価格の伸び率の抑制に寄与したものと推察される。[*8]

現在のアメリカの実質経済成長率は、19世紀末以上に低い状態にある。企業利潤や金利には強い下方圧力が働いている。それに対する短期的政策対応の積み重ねが、長期的には、経済全体のさまざまな部面で深刻な弊害をもたらしている。金融緩和も財政刺激ももはや経済を十分には刺激せず、停滞傾向のもとで独占の支配力をますます強化するように作用している。所得と資産分配の不平等は年々深まる一方である。

むろんこの間のいくつかの経済の下降局面において、金融当局が救済の役割を果たしたこと自体は否定されるべきではない。しかし危機後においてなおつづけられた金融緩和政策は、実際の政策的効果が乏しく、資産価格の騰貴と経済格差という歪みをさらに増幅させるだけの有害無益なものであったというほかはない。

逆にいえば、経済の問題の規定にある所得や資産の不平等という深刻な病に、金融政策だけで対処しようとした、あるいは対処できると考えたことそのものに大きな問題があったといえる。

*7 経済がマネーサプライを弾力的に吸収して、物価安定を実現してきたという事実は、「現代貨幣理論」（MMT）の一面での妥当性を表している。実体経済の伸び以上にマネーサプライが伸びたとしても、それが消費者物価の上昇には直結しない場合がある。しかしそれは、あくまで株式や不動産、さらには天然資源の価格上昇を度外視した見方にすぎず、マネーサプライの増加が資産価格を押し上げている実態を考慮すれば、マネーサプライの量と物価とは広い意味で結びついている。また金融緩和が持つ「資産の配分効果」（カンティロン効果）という観点からみれば、金融緩和策が経済的不平等を拡大してきたことにも留意する必要がある。金融緩和の波及経路およびその最終的な効果は複雑である。したがって日本のリフレ派の「高圧経済論」や「反緊縮論」のように、緩和政策の強化を単純に主張するのは一面的であり危険である。

*8 アメリカとEUのこのちがいは、住宅ローン市場に安定的に資金を供給するフレディマック（FHLMC連邦住宅金融抵当金庫）や、民間金融機関からローン債権を買い取り、証券化市場で住宅ローン担保証券を発行するファニーメイ（FNMA連邦住宅抵当公庫）といった政府系金融機関の存在や、金融市場における証券化やモジュール化、CDS（Credit Default Swap）の発達など、アメリカの住宅ローン市場の複雑な発展によるところが大きい。その背景にも、長期の金融緩和という要因が働いていたといえる。

2　「カンティロン効果」とバブルの歴史的教訓

「カンティロン効果」とはなにか

リチャード・カンティロンは、アイルランド出身で、フランスで活躍した経済学者である。その主著『商業試論』（1730年）は彼の死後に原稿が発見され、古典派経済学の先駆的な業績として知られている。

カンティロンが『試論』で論じていることの一つが「カンティロン効果」とよばれるものである。すなわち、中央銀行が印刷機をフル稼働させて国債を買い戻すと、新たに生み出された貨幣が金融システムから流れ出すが、それはまず金融資産の価格を膨らませ、その後、消費者物価を引き上げる。政策効果が経済全体に染みわたるのはずっとあとで、しかも階級差別的だというものである。つまり金融政策の波及経路と効果を問題にしている。

金利について彼は次のように記している。

「一国内には多くの階級、および利子や利潤という多くの小道があり、その最下層の階級では最も危険が多いということに相応して利子は常に最も高く、またこの最下層の階級から富裕で、かつ支払い能力があるとみられる貿易商たちの最上層の階級に至るまでの間で、階級が上がるにつれて利子は下がるようである」[*9]

通貨供給についてはこうある。「ある国に2倍の貨幣量が導入されれば、物産と商品の価格が常に2倍になるというわけではない。河床をうねって流れる川も、その水量を倍にすれば倍の速さで流れるというわけではない」[*10]。

金融政策は、経済全体にまんべんなく恩恵をもたらすものではない。金利の引き下げの効果はまだらであり、その恩恵には階級的、階層的なバイアスがある。上層ほど優遇され、下層は排除される。通貨供給量の拡大も同じであり、零細な企業家や庶民は現金での取引が多いことなどから貨幣の流通速度も遅い。これがカンティロンのいわんとするところである。

バブルの歴史的教訓――「ミシシッピ計画」

カンティロンがこのように考えた背景には、その直前に起こった、フランスのいわゆる「ミシシッピ会社」のバブルの事件があった。チャールズ・マッケイ『狂気とバブル』（1841年）の記述を参考にこの事件の概要をみてみよう。[*11]

*9　リチャード・カンティロン『商業試論』津田内匠訳、名古屋大学出版会、1992年、136ページ。
*10　カンティロン、前掲*9、115ページ。
*11　チャールズ・マッケイ『狂気とバブル――なぜ人は集団になると愚行に走るのか』塩野未佳・宮口尚子訳、Pan Rolling、2004年。

このバブルは、ジョン・ローというスコットランド生まれの金融家・賭博師がフランス王室に入り込み、ルイ14世の時代の放漫財政で積み上がった30億リーブルという膨大な債務を解消するスキームを提案したことから始まる。

ローは、1716年に「ロー・アンド・カンパニー」という名の新銀行を設立し、王室の土地を担保にした証券を発行することで資金をつくり、それを国債償還に充てることで財政を立て直そうとした。のちに銀行は国営となり、それにともなって大量の紙幣を発行するようになった。他方で、ローは、1717年に「ミシシッピ会社」という北米仏領ルイジアナへの投資を目的とした会社を設立し、さらに、「インド会社」というフランスのアフリカ、東インド、中国、南太平洋との貿易を一手に引き受ける国策会社を新たに設立した。ミシシッピ会社は小口の債権発行で資金を集めると同時に、価値の下がった国債を株式に転換することをも目的とした。その役割を利用して王立銀行は紙幣を増刷しつづけた。

ミシシッピ会社はアメリカ南部への投資の中核となり、1720年初頭まで莫大な資金を集めた。多くのフランス人がミシシッピ会社の株を争って購入し、前代未聞のバブルが生み出された。

ローの王立銀行とミシシッピ会社は相補関係にあり、これらは「ロー・システム」とよばれる壮大なスキームの二大支柱であった。王立銀行はその大量の紙幣発行によってミシシッピ会社の株価を維持し、正貨の相場を銀行券に対して低く抑え、低金利政策を維持した。政府紙幣が受け入れられる背景にはミシシッピ会社に対する信頼があった。

しかし、ミシシッピ計画は実際には本国からの支援が不十分であり、首尾よく運営されていたわけではなかった。政府は、計画への信頼を回復すべく、貧者を徴用しニューオーリンズ行きの船でアメリカの金鉱に送り出した。しかし多くは目的地につくことなく、フランス内外で逃亡、四散して終わった。

転機が訪れた。ある貴族がミシシッピ会社の新株購入を断られた腹いせに、巨額の証券を換金するといいはじめた。その後、それにつづくものが現れた。株式仲買人は、株価が永遠に上がりつづけるわけはないと考えたのである。株価が下落しはじめ、正貨の流出が起こった。多額の資金をつぎ込んでいた資産家たちが証券を正貨に換えては海外に送金した。正貨でなければ、食器類や貴金属を購入し、イギリスやオランダに持ち込んだ。なかには荷車に積み込んで干草や牛糞に隠して運んだものもあったという。

バブルははじけ、フランスの経済は崩壊した。ローは最後には無一文でフランスをあとにし、イタリアで不遇のうちに没した。

大量の不換紙幣の発行と低金利という政策を用いた事実は、ローがマネタリズムの先駆ともいわれるゆえんである。したがって今日のマネタリストがジョン・ローの歴史的役割を擁護するのは理由がなくもない。しかし問題はバブルが崩壊したことにあり、それは身びいきな解釈というべきである。[*12]

「カンティロン効果」の実際

『商業試論』の隠れた真のテーマは、こうしたバブルを生み出した「ロー・システム」に対する批

＊12　前掲＊4：Chancellor (2022).

判であったと考えられている。カンティロンは、このシステムの中心に人為的な通貨供給政策や金利政策があったとみた。緩和政策の恩恵を受ける上層階級はバブルへと走り、下層はそれから排除され後始末を押しつけられる。

1990年代からアメリカと日本で始まる本格的な金融緩和の効果は、カンティロンの時代のそれと驚くほど重なる。このカンティロン効果という視点でみるとその本質が理解できるように思える。日米金融当局がこの20数年間おこなってきた金利引き下げと通貨供給量の拡大は、物価と投資の引き上げをつうじて、経済の底辺層にも恩恵を与えるかのごとく説明されてきたが、実際には、カンティロンのいう強者優遇の効果が前面に出て、弱者への緩和軽減までにいたることはほとんどなかった。大企業はゼロ金利の恩恵を最大限に享受した一方、庶民の住宅ローンや学資ローンの金利は高いままである。なぜゼロ金利のご時世に、学生はゼロ金利で学資ローンを受けることができないのか。摩訶不思議である。民間銀行でできないなら国がやるべきであろう。庶民への積極的な効果が及ぶ経路をふさいだまま緩和政策をつづけてきたのである。[*13]

金融政策にはこの意味で、「資産の配分効果」(allocation effect of assets)があり、アメリカでは低金利の継続が経済格差をはなはだしいものにしたとチャンセラーはいう。アメリカの「大安定期」(グレート・モデレーション)は経済構造の安定ではなく、むしろシステムのリスクを大きくしたというのが、近年の研究者たちの批判である。

＊13　前掲＊1：Leonard (2022).

3　コロナ危機下のインフレーション論争

２０２０年以降の新型コロナウイルス感染症の世界的な拡大とその後の景気回復、２０２２年2月に始まったウクライナ紛争によってグローバルな物価と金利をめぐる事情は大きく変化した。この数十年間の世界経済のグローバリゼーションにともなう生産拠点の国際化は、世界的な需給バランスを調整し、大きな価格変動なしに取引がおこなわれる条件であった。エネルギーについてもその供給源の多角化は価格の低位安定を支えてきた。しかし、それらが諸事情の変化によって機能不全に陥るやいなや、物価を引き上げようとする有象無象の諸力が解き放たれた。その結果が、現在われわれが直面するグローバルなインフレーションである。世界各地の異常気象による災害の多発はこうした不安感を増幅させる。

アメリカでの新型コロナ感染症の拡大による景気後退は、当初、物価下落と失業率の急増を招いたが、その後の景気回復と一連の緊急経済政策によって失業率は落ち着きをみせた。しかし物価は、２０２１年3月ごろから上昇に転じ、２０２２年に入ると、2月のロシアのウクライナ侵攻と対ロ経済制裁などが重なったことによって高進をつづけ、２０２２年6月には消費者物価指数（ＣＰＩ）がおよそ40年ぶりの９％を超えるという事態にいたった。

物価が上昇しはじめた当初、このインフレを一時的なものととらえていた大方の政策担当者や経済学者も態度を変化させはじめた。インフレ問題は、2022年のアメリカ議会中間選挙、さらには2024年大統領選挙でも重要な政策争点となった。[*14]

ここでは、まず、現在のアメリカにおけるインフレーションの原因をめぐる論点を整理する。さらに、インフレ問題に対する政策対応について考察を加える。

インフレ論の3つの類型

コロナ危機下のインフレをめぐって、経済学者のあいだで激しい論争がおこなわれた。その説明にはおよそ3つのパターンがあった。インフレを、①経済の需要サイドから説明する理論、②供給サイドから説明する理論、③経済力集中を重視する理論の3つである。それぞれの内容と論点を簡単にみてみよう。

需要サイド——「賃金・物価スパイラル」

第一の立場は、現在の物価上昇を景気回復にともなう急速な民間需要の回復と景気刺激策をもとにした労働市場の逼迫の結果ととらえ、コロナ禍で、あるいはコロナが収束してもインフレが当面つづくとみる見方である。需要サイドからのインフレ論といえる。

これを唱えるのは、元財務長官でハーバード大学のローレンス・サマーズ、マサチューセッツ工科大学（MIT）のオリヴィエ・ブランチャード、ジョンズ・ホプキンス大学のローレンス・ボールらである。[*15]

彼らの主張は大部分共通している。第一に、アメリカでは人手不足が賃金を押し上げ、インフレの原因となっている。新型コロナ感染症拡大の当初、経営難、失業手当の加算、各種給付金の支給によって失業率が大幅に上昇し、インフレ率は2020年当初の3・5％から数か月で14％へと跳ね上がった。しかしその後、失業率は収まったものの、高齢者の早期退職や自主退職があとをたたず、人手不足が深刻となった。インフレはこうした過度な失業給付や景気刺激策の結果によるものである。2021年3月のバイデン政権による1兆9000億ドルの「アメリカ救済計画法」(American Rescue Plan) が施行されたが、これがなければ2022年7月の消費者物価指数は6・5％ではなく3・7％にとどまっていたであろう。

第二に、インフレを抑えるためには人々のインフレ期待を変えねばならない。FRBは大幅な利上げなど強いインフレ対策をとるべきである。そうでなければ深刻な景気後退が起こる可能性がある。[*16]

＊14　イギリスをはじめユーロ圏のインフレはアメリカ以上に深刻であり、コロナ禍からの景気回復に地域差があるなかで難しい政策運営をせまられた。日本は、消費者物価上昇率は欧米と比べれば穏やかであるが、エネルギー価格や国際商品市況の高騰、円安のなか、インフレ分を補う十分な賃上げもないまま国民は値上げラッシュに直面している。

＊15　Blanchard, Olivier, Domash, Alex and Summers, Lawrence H. (2022) "Bad News for the Fed from the Beveridge Space", *Policy Brief*, Peterson Institute for International Economics, Jul.

＊16　Ball, Laurence, Leigh, Daniel and Mishra, Prachi (2022) "Understanding US Inflation During the COVID Era", *Brookings Papers on Economic Activity*, Sep. 7.

図表 4-6　ベヴァリッジ曲線

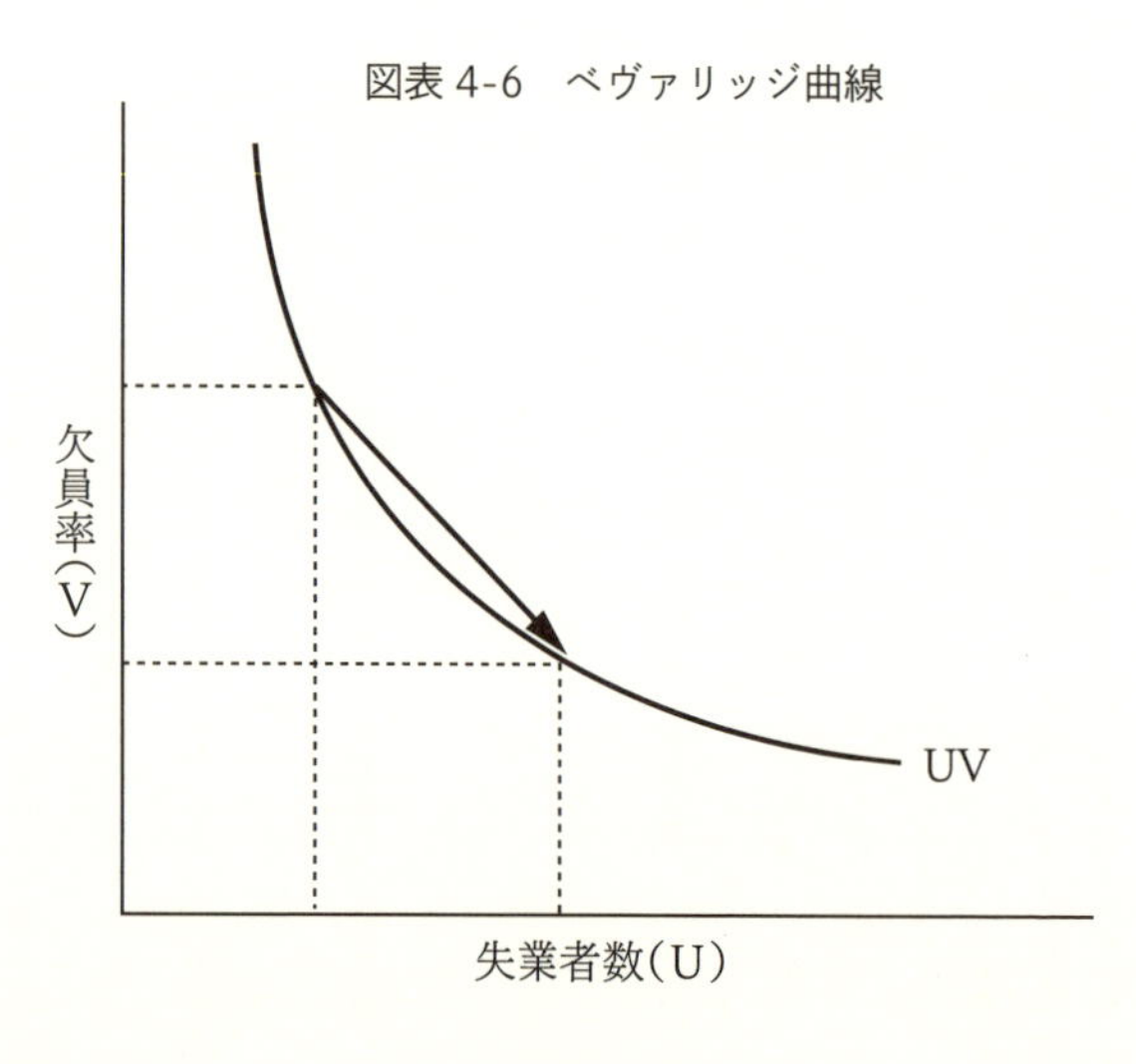

第三に、人手不足を解消するためには、ある程度の失業率の上昇もやむをえない。

サマーズらは、この主張を「ベヴァリッジ曲線」(Beveridge Curve)で説明している(**図表4―6**参照)。ベヴァリッジ曲線とは、欠員率と失業率との関係を表したものである。欠員率とは人手不足の度合いを表し、失業率は労働意欲があり失職中の人々の割合を指す。[*17] 失業率が高ければ、働こうとする人が多くなるため、人手不足は解消し、欠員率は下がる。失業率が低ければ、欠員率は大きくなる。つまり両者は負の相関関係にある。摩擦的失業、自発的失業などがあるため失業率は実際にはゼロとはならないし、投資が旺盛であれば、労働需要が強まり、曲線の両端はゼロに近づく。労働市場がスムーズに調整されると、曲線は原点に向かってシフトする。

サマーズらは、1950年代以降の欠員率の下降局面のケースを調べ、その結果、経験的に欠員率がピークから10%下落すると、翌年の失業率は2・5%ポイント上昇するという事実をみいだした。このことから、インフレを目標値2%まで引き下げるためには、失業率を4・1%程度にまで引き上げる必要があるととらえ、インフレを抑え、人手不足を解消し、賃金を抑えるためには、短期的には失業率の上昇もやむをえないと主張した。[*18]

こうした需要サイドの主張には、有力な批判がなされた。左派の経済学者、マサチューセッツ大学アマースト校のロバート・ポーリンは、景気刺激策と人手不足にインフレの原因を求める見解は誤りであるとして次のように述べた。

「景気刺激策が経済の崩壊を食い止めたのであって、もしそれがなければわれわれは現在インフレではなく、デフレを議論していたであろう。景気刺激策にはいくつかの問題はあるが、景気を支えるうえで不可欠であったことは事実である[*19]」

コロナ危機に対する景気刺激策として、失業手当の潤沢な給付や子ども税額控除など、労働者や家計支援に莫大な資金が投入された。そのことによって労働者が交渉力（職種や賃金を選べる裁量）を強め、自発的な離職が増えてきたことは事実である。しかし、ポーリンによれば、それでもこの間の賃上げは年5％ほどであり、物価の8％以上の上昇に追いついていない。より長い目でみれば、この50年間、

＊17　横軸を失業者数ではなく、失業率でみる場合もあるが、いずれも本質的には同じである。
＊18　Domash, Alex and Summers, Lawrence H. (2022) "The Beveridge curve still indicates low probability for a soft landing", *Medium.com*, Aug. 30.
＊19　Pollin, Robert (2021) "Fed Attacks the Working Class", *theAnalysis.news*, Sept. 20.

実質賃金はほぼ低迷をつづけ、その間、生産性が1・5倍上昇したにもかかわらず、賃金は時給25ドル程度のまま据え置かれている。このコロナ禍では、そのごくわずかを取り戻したにすぎないのであって、それをインフレの原因とするにはあたらないとポーリンはいう。

ポーリンの主張には根拠がある。欠員率の上昇は依然として十分な賃金を支払う企業が少ないためである。ミスマッチは、労働者の交渉力の強さからではなく、むしろ企業側が労働者に依然として低い賃金を押しつける姿勢を崩さず、そのために労働者の就労意欲と労働参加率が回復しないことが原因である。

このことを確かめるために、**図表4―7**をみてみよう。これはアメリカの欠員率、失業率とさらに実質賃金の上昇率の推移をみたものである。

新型コロナ感染症の拡大が始まるまで、失業率はきわめて安定して推移していた。そのもとで2018年と19年には欠員率の低下の傾向がみられ、実質賃金もわずかながら上昇していた。コロナ禍が始まった当初、大規模な需要喪失によって経済の収縮が始まり、失業者が急増した。しかし直後に景気の回復局面が始まり、一転して今度は人手不足が起こり、欠員率が上昇した。その後、失業率は徐々に低下し、実質賃金上昇率も低下をつづけた。したがってコロナ禍で労働者側が得た若干の交渉力の強化は、失業率の高まりとともに雲散霧消し、実質賃金の引き下げがそれにつづいたことになる。欠員率が21年半ば以降急速に低下したので、労働の需給はかなり均衡したといえる。つまり実際には、賃金・物価のスパイラルではなく、実質賃金はむしろこの間、引き下げられてきている。したがってコロナ危機下のインフレのおもな原因を賃金に求めることは事実と合致しない。実質賃金を

図表 4-7　アメリカの欠員率・失業率・実質賃金上昇率（2016-2022 年）

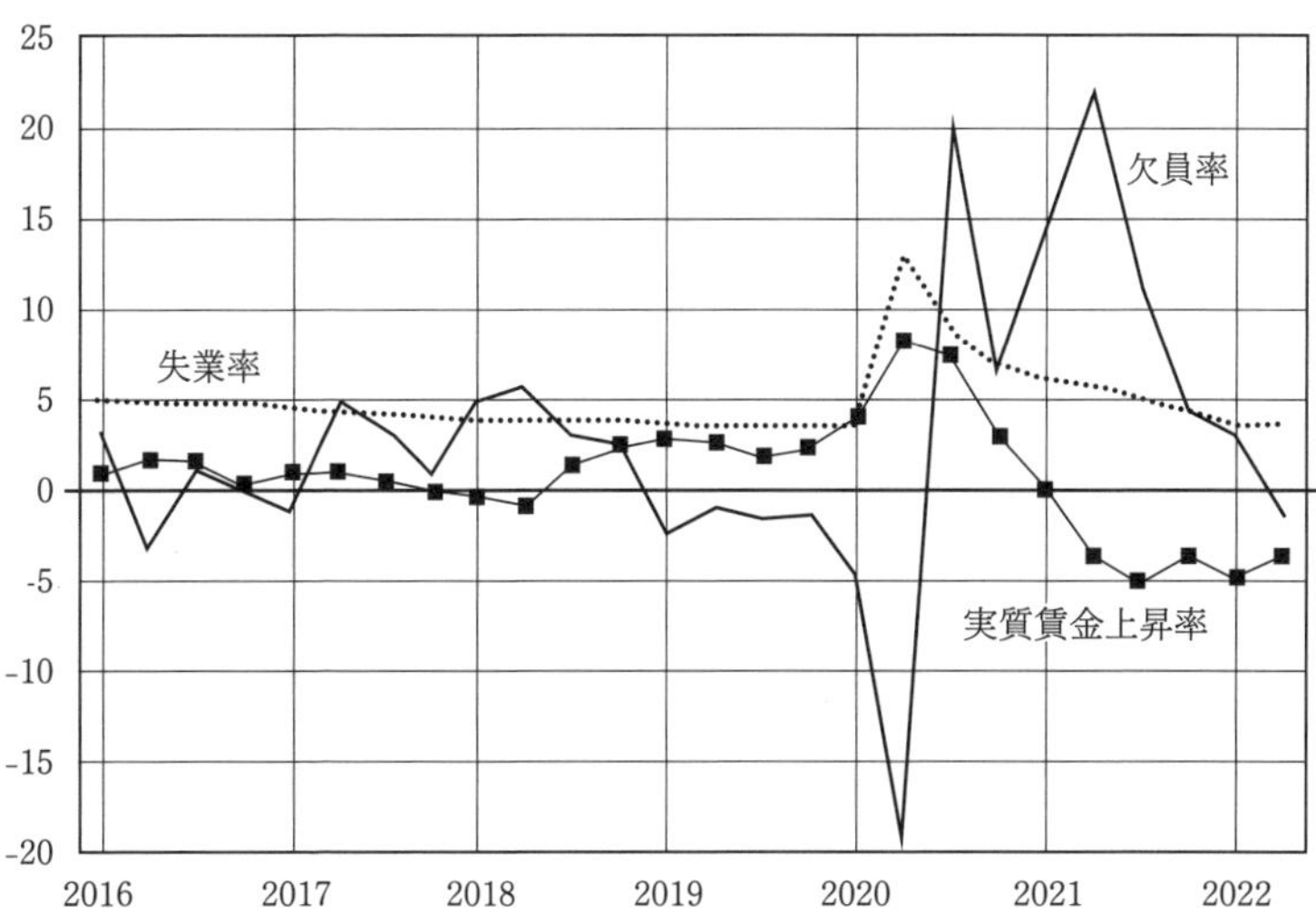

（出所）Fereral Reserve of St. Louis. より作成。

引き下げる余地が狭まっているため、失業率を引き上げてもインフレを抑える効果は限られたものにすぎないであろう。

　もう一つの論点は、ベヴァリッジ曲線の解釈の問題である。長期の労働需要と労働供給の関係は、ベヴァリッジ曲線とはちがって、すべての労働者が雇用されている場合、失業率はゼロであり、欠員率もゼロである。逆に、すべての労働者が失業している失業率１００％のときは、だれも働いていないので欠員率は１００％となる。したがってベヴァリッジ曲線の描く労働需給はあくまで短期的な性格のもので、有効求人倍率のような指標で示される欠員率と求職者のプールとの関係で労働条件が折り合わないなどの雇用のミスマッチを描いているにすぎない。

　人手不足を解消するために失業率を高める必要があるというサマーズやブランチャード

の主張は、働かせたい労働者に働くなといっているようなものであり、それ自体矛盾した議論である。労働参加率を高めよという趣旨であろうが、だとすれば賃上げなど労働インセンティブを高めることこそ必要と考えるべきである。

労働者にとって、十分な賃金が支払われないことが就労意欲を妨げているときに、労働側に圧力をかけてさらに賃金を抑え、インフレを克服しようとするサマーズらの主張は、理論的にはベヴァリッジ曲線の一面的な解釈に基づく議論であり、政策論的には、労働参加率を引き下げ、労働のミスマッチをより強める無分別なものといえる。

供給サイド

2つめの立場は、供給サイドから今回のインフレを説明しようとするものである。物価上昇は需要サイドからというよりも、主にグローバルなサプライチェーンの停滞やエネルギー不足という供給サイドから起こったものであり、需要面からのインフレ圧力はあくまで一時的なものにすぎず、サプライチェーンの混乱や石油価格の上昇など供給サイドの要因も早晩克服されるとする見方である。ノーベル経済学賞受賞者のポール・クルーグマンなどがそうである。クルーグマン自身は、消費者物価指数が2021年11月以来、急激な上昇を示したことから、当初は自らの予想は楽観的すぎたと自己批判したが、その後も基本的に同じ見方を保持した。

彼が旧ツイッター（X）や「ニューヨーク・タイムズ」のコラムなどで精力的に拡散した意見をつなぎ合わせると、以下のようになる。

第一に、40年ぶりの高水準のインフレにもかかわらず、中期的な期待インフレ率は上昇していない。他方、エネルギーや食料品の価格も低下しつつあり、インフレは落ち着きはじめている。第二に、そうであれば、インフレを抑えるために失業率を引き上げる必要はないし、ましてや1980年代初頭の悪性インフレに対して当時のFRB議長ポール・ボルカーがおこなったような厳しい金利の引き上げをする必要もない。第三に、今回のインフレは1970年代のスタグフレーションの時期のそれよりも、47年の戦時経済からの復興の際の供給力不足のケースと似ており、そうした供給力不足によるインフレはじきに収まる。

このようにクルーグマンの議論は、インフレをめぐる状況変化に対する観察に基づいた、理論的というよりも経験的な判断といえる。

しかし、彼のサプライチェーンの回復、エネルギー価格の安定などに対する見通しにもかかわらず、インフレが当初の予測を超えて高まり、長引いた理由はいかに説明されるべきであろうか。中長期的に事態が収まることは異存のないところであるが、それがどの程度の長さなのか。事態が長引いている理由となると、クルーグマンの議論には弱い点があるように思える。つまり需給バランスの回復を阻害する要因についてはさらに別の説明が必要と思われる。

独占インフレと経済力集中——「インフレの6割は利潤主導」

第三の立場は、コロナ下のインフレの原因を、市場支配力のある巨大企業による人為的な価格引き上げに求める見解である。元労働長官ロバート・ライシュ、評論家マット・ストーラーなど左派やりベラル派の見解である。

ライシュは、物価上昇はあくまで症状であり、その深部には経済力を集中した巨大企業の独占的な価格支配力の働きがあり、したがって、問題の根源は市場が競争的でないことにあるという。

ライシュは次のような例を挙げる。衛生用品関連ではプロクター・アンド・ギャンブル（P&G）が、原材料、輸送費の値上げを理由におむつやトイレットペーパーを値上げした。しかし同社の収益率は年率24・7％と異常に高い。しかもその収益のうち30億ドルを自社株買いに運用している。キンバリークラークも同時期に同じように値上げしている。また、ペプシコは30億ドルの収益にもかかわらず値上げし、コカ・コーラもその動きに追随した。エネルギー各社は、需要の回復にもかかわらず生産を制限し利益を得た。[*20]

つまり巨大企業が物流の停滞や労働力不足によって上昇したコスト以上に製品価格を引き上げていることが問題だという。そしてそれは市場の大半を独占もしくは数社で寡占的に支配していることで可能となっているというのである。

確かに現状をみると、こうした独占的な価格設定をインフレの要因とする主張には説得力があるとみなしてよいであろう。エネルギー大手はガソリンの小売価格を引き上げ、末端では1ガロン6ドルと依然高い。ところがエネルギー上位28社を調査した結果、２０２２年第１四半期の売上増加率はじつに１２７％にも達している。[*21] またエクソンの２０２２年第２四半期の利益は１７９億ドル、シェブロンは１１６億ドルと、それぞれ２０２１年の３倍以上となった。コスト上昇分以上に価格を引き上げていることが判明した。[*22]

アメリカで値上げが顕著な製品の市場はいずれも少数の企業が圧倒的なシェアを占めている。粉ミルクは最上位4社で市場の90％を押さえている。牛肉市場は4社で85％、パスタ市場は3社で78％、シリアル市場は3社で72％といった具合である。そのおかげで、食肉業などは、高利益を得ながら2020年秋以来、大幅な値上げをおこなうことができた。食肉包装業は300％もの利益増といわれる。

このようにみてみると、インフレの原因は賃金ではなく、企業の利潤追求による価格引き上げが大きな要因であることがわかる。もちろんサプライチェーンの混乱やエネルギー、食品価格の高騰の影響もあり、すべてが独占的な価格要因とばかりはいえないことは事実である。この点で、マット・ストーラーは、おおまかに計算して、インフレの60％は企業利潤であると主張している。[*23] また経済政策研究所のジョシュ・ビブンズは2020年第2四半期から21年第4四半期までの物価上昇の要因のうち、単位労働コストは7・9％、その他コスト増は38・3％、利潤の増加は53・9％と推計した。[*24]

こうしたことから、彼らによれば、コロナ禍のもとでのインフレは、利潤主導が約6割で、「賃金・

＊20 Reich, Robert (2021) "We Need to Talk about the Real Reason behind US Inflation", *The Guardian*, Nov. 11.

＊21 Lawson , Alex (2022) "Energy prices: What Is a Windfall Tax and How Would It Work?", *The Guardian*, May 12.

＊22 Wearden, Graeme (2022) "ExxonMobil and Chevron Shatter Profit Records: Eurozone Inflation Hits Record 8.9%", *The Guardian*, Jul. 30.

＊23 Stoller, Matt (2022) "On Inflation: It's the Monopoly Profits, Stupid", *BIG*, Jun. 23.

物価スパイラル」ではなく、「利潤・物価スパイラル」だということになる。

こうした見解は、インフレをつねに貨幣的現象もしくは労働者が過度な賃上げを要求した結果だととらえてきた主流派経済学の意見と鋭く対立する。実際にサマーズは２０２１年12月26日に自身の旧ツイッターで次のように書いた。「このインフレが一時的かどうかといった議論はあるが、反トラストがインフレ対策だという考えはまともな経済学者たちのなかにはない」。

つまりサマーズのマクロ経済学の神殿に、この第三の主張の居場所はない。

しかしサマーズがそのように書いた２０２１年秋ごろから、事態は確実に変化した。物価上昇とともに、ライシュが取り上げたような独占的な価格引き上げの事例がさかんに報告されはじめたのである。２０２２年4月には、議会下院の公聴会で、コンサルティング会社 Econ One のハル・シンガーが次のようなデータ（**図表4―8**）を提出した。[*25] これは上位4社集中度と製品価格の上昇率の相関をみたものであるが、値上げ幅が大きいのは上位集中度の高い企業であることが一目瞭然である。市場支配力のある企業はコロナ危機からの回復過程において場合によっては20～30％といった価格引き上げをおこなっている。同時に、留意すべきは、平均物価上昇率以下に価格を抑えている企業もまた市場支配力の強い企業であり、同時期に低価格で市場支配力を強めている可能性がうかがえる。独占とは、価格を引き上げると同時に、引き下げもする。

原材料価格の高騰やサプライチェーンの混乱・停滞といった要因はインフレを説明する要因の一部分にすぎない。インフレ問題の大半は企業の恣意的な価格設定行動に起因するとみてよい。物価とはすぐれて市場当事者の力関係を反映する。家計が直接給付で優遇されたとみるや、企業はその分以上

図表 4-8　経済力集中とインフレーション
物価上昇率(2021 年)と上位 4 社集中度(2022 年)の相関

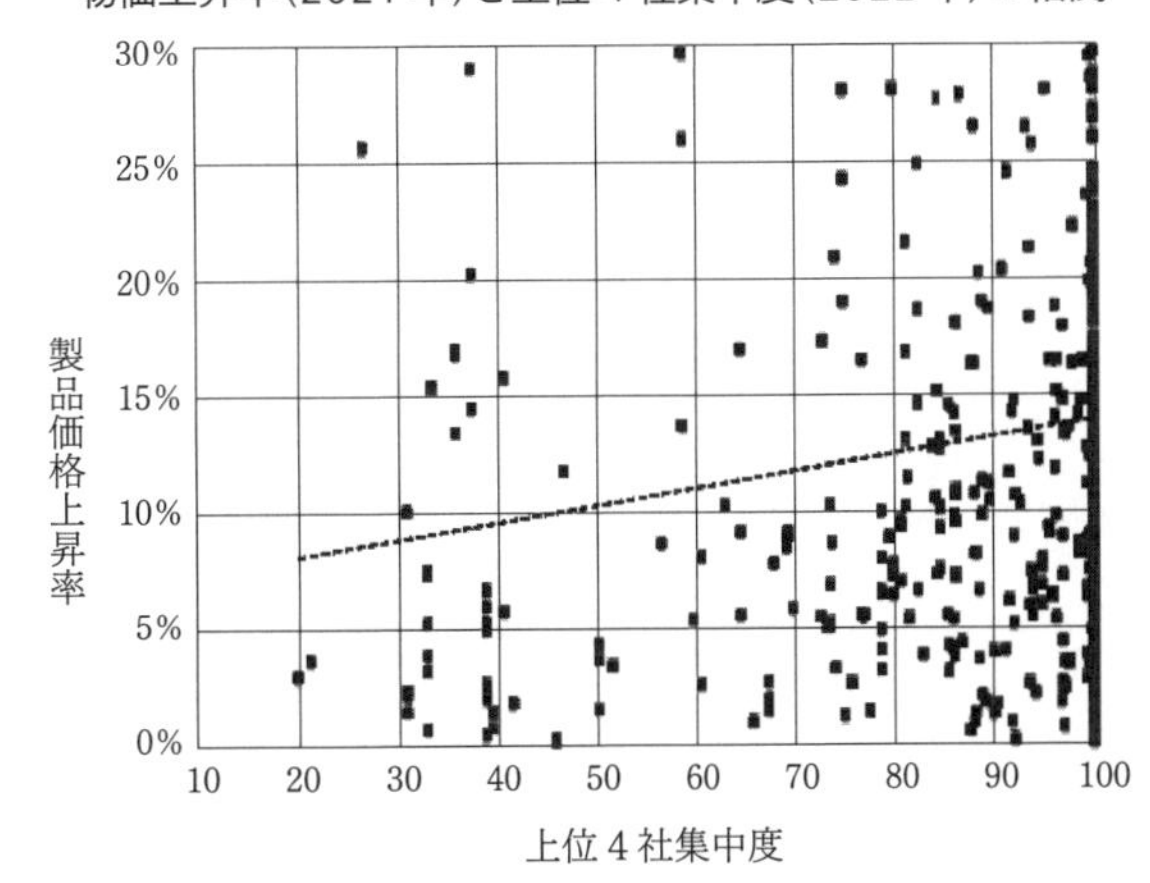

(出所) Singer, Hal (2022) "(Im)Balance of Power: How Market Concentration Affects Worker Compensation and Consumer Prices", Testimony to the House Committee on Economic Disparity and Fairness in Growth, Apr. 6.

に、あるいはこれまでの多年にわたる物価低迷の分を取り返そうとするかのように高い価格を設定する。

また、この見解は、サプライチェーンをはじめとする経済構造の硬直性、非弾力性をも経済全体に独占、寡占の影響が支配的であることから説明しようとする。その意味で、クルーグマンの議論の欠陥を補っているといえなくもないが、政策的含意はかなりちがう。

クルーグマンのような供給サイドの見方からみると、供給能力が回復するためには市場の機能が発揮されねばならないという

＊24　Bivens, Josh (2022) "Corporate Profits Have Contributed Disproportionately to Inflation. How Should Policymakers Respond?", *Working Economic Blog*, Economic Policy Institute, Apr. 21.

＊25　Singer, Hal (2022) "(Im)Balance of Power: How Market Concentration Affects Worker Compensation and Consumer Prices," Testimony to the House Committee on Economic Disparity and Fairness in Growth, Apr. 6.

ことになる。しかしこの第三の立場からすれば、市場そのものが独占的、寡占的弊害を持つものであるとの認識から、市場そのものの政策的規制という真逆の解決策が浮かび上がる。供給サイドの問題からインフレを説明するという点では同じであるが、対策についてはまったく異なる。

インフレの原因についてのこうした3つの立場をつなぎ合わせると一つの絵を描くことができる。クルーグマンらの供給サイドからのインフレの把握は市場の現状認識としては正しいが、彼らの予想を超えてサプライチェーンの回復が遅れているのは、市場の基底にある寡占構造が強く作用しているためである(次節をも参照)。供給サイドの問題が長引きそうだとすると、さしあたってとりうる政策は、サマーズらがいうような需要抑制のための引き締めだとの見方が生まれる。しかしそれは独占の問題から目を逸らすものであり、インフレの基底的な原因に嚙み合った対策とはいえない。著者は独占的経済構造とインフレとを関連させる見方を支持するが、それは少なくともインフレ問題の根本治療が時間を要するという意味で即効性のないことも併せて認めねばならないであろう。

経済力集中にどう対処する?

2022年末の時点でインフレ率は7%以上、食料品とエネルギーをのぞいたコアインフレ率は6%以上と依然高水準であった。FRBのジェローム・パウエル議長は、2022年3月から利上げを開始し、さらに9月には異例の0・75%幅の追加利上げを宣言した。FRBの金融政策運営はインフレ抑制に大きく舵(かじ)が切られた。

先ほどの楽観論派は、2022年末の時点で、2~3・5%程度への低下を予測した。したがって彼らはFRBの利上げに批判的であった。逆に、サマーズら悲観論の立場の人々は、高いインフレ率がつづく傾向にあるとみて、FRBの利上げを歓迎した。

独占インフレ論の見方からすれば、現在のタイトな労働市場と賃金の上昇傾向に対して、企業は相応の価格引き上げによってそれに対処すると予想された。企業部門は全体としてインフレのもとで莫大な利益を上げており、とりわけ市場支配力を持った大手企業の収益は歴史的な水準にある。企業部門は総じて現在のインフレを心地よいと考えている。こうしたことからも、企業部門は景気が崩れない程度のインフレをこれからも求めるであろう。したがって、おそらく今後、下がっても3~5%程度で推移すると考えられる。

なお、ドイツの研究者ラッセル・ナピアは、ヨーロッパについて、今後15~20年間、4~6%の水準のインフレ率がつづくと予想している。[*26] ヨーロッパはアメリカ以上に高いインフレ率で推移してきたことから、この推論は妥当かもしれない。逆に、日本はアメリカを下回るであろう。

3~5%のインフレ率でも、名目賃金の伸びはそれを下回るため、実質賃金は低下し、賃金から利潤への所得移転が確実に加速するであろう。これはかつての2008年の金融危機までのいわゆる「大安定期（グレート・モデレーション）」とよばれた低インフレ、低金利、低失業率を特徴とした時期の賃金抑制による所得移転とは異なる価格水準（物価、賃金、金利）での新たな賃金抑制の形態であり、そ

＊26　Ditli, Mark (2022) "We Will See the Return of Capital Investment on a Massive Scale", *The Market NZZ*, Oct. 14.

れは同時に、この間膨張しつづけた企業債務の整理にとっても好都合なフォーメーションである。

1970年代以降の不安定化を増す資本主義の推移を、ドイツの社会学者ヴォルフガング・シュトレークは次のように段階的に特徴づけた。

「近代資本主義の制度のなかでも、もっとも神秘に満ちた制度である貨幣。その力を利用して、潜在的な不安定化要因である社会紛争を緩和しようとしたのだ。最初はインフレをつうじて、次には国家の債務をつうじて、さらには民間信用市場の拡大をつうじて、そして最後は、今日のように、中央銀行による国家と銀行の債務買い取りをつうじて、それは戦後の民主主義的資本主義の危機を、時間稼ぎによって先送りし、引き伸ばすための方策だった[*27]」

現在の状況は、このシュトレークに即していえば、再びインフレによって膨張した債務を整理し、賃金を圧縮しようとする動きといえるかもしれない。

金融政策のジレンマ

FRBの利上げ開始以降、クレジットカード、奨学金、オートローン、住宅ローンの金利も軒並み上昇した。FRBの利上げ加速がインフレ沈静化に役立たず、むしろ不況の引き金となるのではないかとの見方を強めた。

期待を勘案した標準的なニューケインジアン型のフィリップス曲線によれば、現在の高いインフレ率は将来のインフレ期待を高め、したがってインフレを抑制するためには金利と失業率を高めることが必要であり、金融引き締めを積極的に打ち出すことには、短期的な効果があると考えられる。ＦＲＢの利上げ姿勢によってインフレ期待が抑制され、適度に名目の長短金利を引き上げることができれば、実質金利（名目金利—期待インフレ率）は着実に上昇し、需要サイドからのインフレ圧力を抑え込むことができるからである。

確かに金利の引き上げは、需要サイドをインフレの原因とみる見方にとっては、望ましいものとみえるだろう。しかし供給サイドがインフレの主要な原因とみる人々からすれば、金利引き上げは供給力の回復を抑え、その面からインフレを促進しかねない。引き締めはインフレの原因に突き刺さっていないということになる。アメリカの物価上昇がライシュらがいうような有力企業の価格設定に起因しているとする見方からも、現在のＦＲＢが打ち出している金利引き上げは、たんに消費と投資を抑制するだけで、物価抑制効果は持たないということになるであろう。

キャッシュフローが潤沢な今日の大企業にとって金利引き上げは必ずしもインフレの抑止効果は持たず、むしろ実質賃金と購買力を削ぎ落とし、資金を必要とする中小企業の投資を阻害することによって景気にブレーキをかけるおそれがある。金利が高まれば、人々がお金を借りて家や自動車を買おうとする意欲は抑えられる。企業は投資を抑制する。消費や投資を抑えることによって需要全般を抑

＊27　ヴォルフガング・シュトレーク『時間かせぎの資本主義——いつまで危機を先送りできるか』鈴木直訳、みすず書房、２０１６年、15—16ページ。

制するであろう。いわばＦＲＢ主導の景気後退の可能性を高める。

利上げとサプライチェーンについて、「ワシントン・マンスリー」の編集長で、ビル・クリントンのスピーチライターを務めたこともあるポール・グラストリスは次のように指摘する。


「独占化と金融化がもたらしたサプライチェーンの脆弱さの影響は小さくない。診断を誤れば治療方法を間違う。金利の引き上げがインフレの正しい対処法といえるだろうか。もしも独占がインフレに大きな影響を及ぼしているとすれば、利上げはむしろ経済を窮地に追い込むだろう。独占とサプライチェーンの脆弱性は数十年かけてできたもので、直ちに是正することは難しい。しかし、インフレを是正するためには、できるだけ早くそれに着手すべきだ[*28]」

バイデン政権

バイデン政権は、以上でみたインフレ論争では、第三の立場に近かった。

バイデン大統領は、自らエネルギー業界や精肉業界に値上げを抑える要請をさかんにおこなってきた。またサプライチェーンの立て直しのための直接的な措置として、トラック免許取得の簡素化などの応急措置にも取り組んだ。

バイデン政権は、さらに本格的な独占禁止法の活用にも積極的であった。同政権は発足当初から、反トラスト（独占禁止）の取り組みを強めようとする政策を掲げ、専門のスタッフを迎え入れるなど、この分野の体制の強化に取り組んできた。

結論的には、コロナ危機下のインフレ問題とは、コロナ禍からの急速な経済活動の回復局面で経済全体の支配構造の本質が露呈したものといえる。対症療法ではなく、その根本治療を求めるならば、陳情ベースの製品価格の値下げ要請や金利政策などをはるかに超えて、アメリカ経済の体質そのもの、独占的支配構造、寡占体制そのものの変革が必要となる。

バイデン大統領は、セーフティネットの張り替えではフランクリン・ローズヴェルトでなければならず、人種対立の和解ではリンカーンでなければならないが、さらに反トラストという問題ではセオドア・ローズヴェルトでもなければならなかった。

新型コロナ感染症拡大にともなう景気後退からの回復局面で発生したインフレ問題は、国際情勢の複雑な展開とともにアメリカをはじめ先進諸国に広がり、世界的に拡大した。世界的なインフレは、大きくみれば、エネルギー、天然資源、食料、中間財などのグローバルな供給システムの疫学的および安全保障面での脆弱性が、各国の多かれ少なかれ寡占的な経済構造と結びついて発現した現象である。その意味で、現在のインフレは本質的にグローバルであり、各国の政策レベルの次元を超えた性

＊28　Glastris, Paul (2022) "Pretending Monopoly Has Nothing to Do With Inflation", *Washington Monthly*, Jan. 12.　１９８０年代のレーガン政権以来、反トラスト法の適用緩和や各種規制緩和を主導したのは圧倒的に民主党よりもむしろ共和党である。そのことからすれば、２０２２年の中間選挙で一定の有権者が、バイデン政権をインフレへの対応策が成果を上げていないという理由で見限り、共和党に投票したことは大いなる皮肉である。インフレに責任があるにもかかわらず、なんらの物価政策も示さなかった共和党への投票は、逆にインフレ問題の原因を強めることになるからである。

格を持つ。したがって各国の個別的な経済政策のちがいだけで説明できるようなものではない。そうした意味から、現在のインフレは、各国それぞれの国内自給を促進することもふくめて、従来のグローバリゼーションの再検討を促すものといえる。

4　サプライチェーンと経済力集中

運輸業における供給制約と寡占構造——Too Big to Sail

前節で、インフレーションの理論および政策対応の問題を論じた。インフレの問題をより具体的に理解するためには、供給制約の重要な要素であるサプライチェーンの硬直性とそれに関連する経済力集中の実態を知る必要がある。そのため、以下では、海運および陸上輸送の事例によってサプライチェーンの実態を説明する。

コロナ・パンデミックの開始からグローバル・サプライチェーンの混乱が数年つづいたが、現在も完全に収束したとはいえない。ウクライナでの戦争と対ロシア経済制裁がこの問題に拍車をかけた。とりわけアメリカでは、コンテナ輸送や鉄道、トラックによる物流がターミナルでの取り扱い量の集中や人手不足などで目詰まりし、遅延、品不足、コスト上昇はかつてなかった水準となり、流通面でアメリカ経済に急ブレーキがかかった状態となった。

サプライチェーンが構造的に目詰まりを起こした理由の一つは、多年にわたる新自由主義の規制緩和政策による業界再編がある。その結果、寡占化が進んだことで産業の柔軟性や余力が失われた。

『ワシントン・マンスリー』の編集長ポール・グラストリスは、巨大企業が多年にわたって推し進めてきた短期的利益優先、コスト削減のための海外生産の展開が結果的に現在のサプライチェーンの弱さを生んだと指摘する。[*29]

巨大企業のグローバル経営戦略の結果、国内産業基盤が空洞化したため、アジアなどでの部品生産が新型コロナ感染症拡大の影響で止まるとアメリカ経済全体が動かなくなり、自動車からスマホまであらゆる物の価格が上がる。

しかもこの間、反トラスト法の緩和によって企業の経営統合が進み競争他社が駆逐され、生産に不可欠の重要部品を国内で代替できる供給源がなくなってしまったため、需要の回復に対応できない状況がつづいている。

サプライチェーンの混乱で、2022年には、たとえば中国で玩具を製造しているアメリカ企業が部品の不足で生産が間に合わず、製造できたとしても、アメリカに送るコンテナ船が不足しているためアメリカへの到着が数か月後のクリスマスに間に合うかどうかわからないといった問題が生じた。実際、巨大なコンテナ船が拠点にする港湾ターミナルで、ヤードにコンテナが山積みされている風景が日常化した。

今日のようなコンテナの形式で船の巨大化が進んだのは1960年代であり、それは物流を根本的に変え、「コンテナ革命」とよばれた。

コンテナの出現によって、積み込みや積み替え、荷物の保護、陸上輸送との連携が簡素化され（「インターモーダル輸送」）、流通の技術的状況は一変した。さらにコンテナ船の規模それ自体が巨大化し、その大きさは今日までの25年間に約4倍になった。大型船の場合は全長が400メートル以上になり、このクラスでは大きなコンテナ2万個以上が積載可能である。

国際運輸業の関係者は、巨大コンテナ船は「グローバルな需要増に対応するうえで不可欠」であり、陸上輸送よりも「環境にやさしい」と強調する。

しかし一方で、これ以上高くコンテナを積んだ場合、強い風に船体が耐えられなくなるおそれがあり、船体をさらに大きくすると利用可能な港湾がますます限られるというように、規模の拡大はすでに限界に達しているといわれる。

これをして"Too Big to Sail"（「大きすぎ運航できない」）とはいい得て妙である。[*30] 造船の技術革新にともない、事業には巨額の資金がかかるようになった。コンテナ船の巨大化は、一方で物流コストを激減させたが、船の建造などの初期費用の増大を招き、企業の集中傾向を強めた。またこうした大規模なコンテナ船は、扱うロットの大きさから、港湾ターミナルに対する大規模船舶業者の交渉力を強めた。港湾ターミナルの業者たちは彼らの注文に応じることを余儀なくされた。

国際海運の寡占構造——市場の8割が8社に集中

アメリカで海運業の規制緩和が一気に進んだのはクリントン政権のころからであった。「1998年海運業改革法」(The Ocean Shipping Reform Act of 1998) は、この業界の規制緩和を推し進めた。同法以前は、運送料金は公開され、無差別でなければならなかったが、この法律によって料金は海運会社

＊29　前掲＊28：Glastris (2022).

＊30　Dempsey, Harry, Georgiadis, Philip and Pfeifer, Sylvia (2021) "Too Big to Sail? The Debate over Huge Container Ships", *Financial Times*, Mar. 28.

と荷主とで個別に設定され、公開される必要もなくなった。そのため小規模で価格競争力の弱い海運会社は淘汰され、他方で安全規制や労働規制が緩和された。結果、この業界の大手海運業者への集中が一気に進んだ。

主要航路の運送料こそ下がったものの、利用量の少ない路線は縮小・廃止され、地方の港湾やターミナル業界は苦境に陥った。その結果、ここでも大規模事業者の全般的な支配力が強まった。

現在、コンテナ船を保有する国際運輸会社は、Maersk（デンマーク）、ＭＳＣ（スイス）、ＣＭＡ ＣＧＭ（フランス）、Cosco（中国）、Hapag-Lloyd（ドイツ）、ＯＮＥ（日本）、Evergreen（台湾）、ＨＭＭ（韓国）などで、これら8社が国際海運需要の81％を独占している。さらにこれらは、２Ｍ、ザ・アライアンス、オーシャン・アライアンスの3社に事実上、統合されてきたが、さらに２０２３年、２Ｍがグループを解消したことで、いまでは二強体制となっている。コンテナそのものの製造やリース、さらにターミナル・オペレーターの分野でも統合が進んだ。

こうしてこの業界は規制緩和によって効率最優先のギスギスしたものとなり、効率化、寡占化が進む一方で非常時の柔軟性、つまり予備能力や代替手段を失った。すなわちこの業界は、収益性追求の極限で経済環境の変化に耐えられない硬直的な体質となったのである。中小の同業他社がほとんど駆逐されたため、ある部門が目詰まりを起こすと全体が止まる。

『コンテナ革命 The BOX』（２０１９年）の著者マーク・レヴィンソンは、「大規模海運業者は現在のサプライチェーンの混乱に責任がある。彼らがコンテナ船の規模拡大だけを追い求めたためだ」と述べている。*31

コロナ禍からの景気回復による需要増加、さらにウクライナでの戦争のため全般的な物不足が生じ、輸送費が高騰した。コンテナ1本あたり1万ドルだった費用は3万ドルにまで上昇し、それは世界の消費者物価の約1％、物価上昇全体の15～20％に相当するとみる専門家もいる。2022年、コンテナ船業界の利潤は1900億ドルと、2020～21年の利潤の5倍というすさまじい儲けを上げている。

陸上輸送の統合とヘッジファンドの支配

海上輸送で積荷がアメリカ国内に入ってきてからも難問山積である。アメリカの場合、国内の輸送の柱は鉄道とトラックだが、ここでも規制緩和の影響が大きい。

鉄道輸送は、1970年代に規制緩和が始まり、1980年に33社あった一級鉄道（営業収益が2億5000万ドル以上）は現在の7社へと統合された。その過程で、不採算路線は整理され、鉄道路線の距離は40％削減された。主要都市を結ぶ幹線を中心に、百数十両連結された列車で大量のコンテナを運ぶ光景が当たり前のようになった。現在、鉄道貨物輸送の多くはPershing Square Capital Management や Mantle Ridge などヘッジファンドの支配下にあるといわれる。[*32]

そもそも鉄道輸送はトラック輸送に比べ3～5倍燃料効率がよく、二酸化炭素排出量も少ない。し

＊31　前掲＊30：Dempsey et al. (2021).
＊32　Longman, Phillip (2021) "Amtrak Joe vs. the Modern Robber Barons", *Washington Monthly*, Nov. 7.

かし、これまでの統合過程で、不採算路線の切り捨て、大量の人員整理がおこなわれてきた。旅客鉄道のリストラはさらにすさまじく、日本とは逆に、旅客が貨物に従属するかたちで細々と維持されている。バイデン政権がインフラ整備計画として立ち向かおうとしたのは、こうした鉄道輸送の困難な現状であった。

トラック輸送はどうか。70年代までトラック業界は「チームスター」（全米トラック運転手組合）という強固な労働組合に守られていた。ドライバーの賃金は高く、労働基準も守られていた。

しかし70年代後半からのカーター政権による規制緩和で、状況は大きく変化した。競争強化という名目で新規企業の参入を促進したために、ドライバーの需要は高まったが、賃金と労働環境はみるみる悪化した。

現在、トラックの台数は370万台で、トラックの運転免許を保有する人口は1000万人もいる。にもかかわらず、業界の調べでは全米で8万人のドライバーが不足しているという。この乖離を説明するのは、この業界の離職率が95%という事実である。ほぼ全員が1年で入れ替わっているのだ。アメリカ国内輸送の72%がトラックであるため、そのインパクトは大きい。

「人手不足」といわれるが、ペンシルベニア大学の社会学者スティーブ・ヴィセリはそうではないという。「人手不足というのはこの業界が政府に補助金を求めるための口実であって、実際は、仕事が劣悪であるからにすぎない[*33]」。

同氏はまた次のようにもいう。「規制緩和が行き着いたところは、安い運送料と外国からの輸入品で倉庫を満たして売り上げを伸ばす大型小売店の台頭であり、その間、トラック・ドライバーという仕事は中流の座から滑り落ち、だれもやりたくない仕事になってしまったということだ」。

寡占的弊害をどう克服するか――再規制の必要性

海運や鉄道輸送などの再編の背景にあったシカゴ学派の規制緩和論は、物流の効率性重視がその眼目であった。確かに物流のコスト自体は下がった。しかしそれが犠牲にしたものは計り知れないほど大きなものだった。人々は消費者として安い商品を手に入れることはできたが、業界の労働者、生活者としては、まともな賃金と労働保護、地域分散型の経済、柔軟な運輸手段を失った。

こうした経済力集中がもたらした産業構造をどのように是正すべきであろうか。アメリカの独占問題の研究者マット・ストーラーは、過去にこの産業を規制していた法律にその手がかりをみいだしている。一つは、「1916年海運業法」(The Shipping Act of 1916)である。

この法律は第一次世界大戦中、ウィルソン政権のもとでできたものである。ここで海運業は公益企業(Public Utility)として扱われ、独占禁止法の適用を免除される代わりに、無差別公平な料金設定や各種リベートの禁止、港湾の割当と地域分散、非常時の政府協力、適切な賃金と労働条件などを義務づけられた。

もう一つは、「1920年商船法」(Merchant Marine Act of 1920:「ジョーンズ法」)である。同法は民間企業の造船を後押しした。それらに共通した目的は、業界の無謀な価格設定を抑制し、輸出入業者、

＊33　Goodman, Peter S. (2022) "The Real Reason America Doesn't Have Enough Truck Drivers", *The New York Times*, Feb. 9.

小規模海運業者を保護し、さらに地域経済安定を促進するというものだった。[*34]

アメリカ産業における独占的支配構造は各部門で異なった形態をとり、運輸業のそれはあくまでその一つの特殊事例にすぎない。分野が異なれば支配形態も異なり、必要とされる対処方法も異なることは当然である。しかし、コロナ・パンデミックが浮き彫りにしたアメリカ経済の構造的脆弱性の基礎にある寡占体制の問題はかなり広範に存在する。パンデミックを奇貨とし、半世紀に及ぶ新自由主義的規制緩和による構造的歪みを全面的に再検討すべき必要がある。

＊34　Stoller, Matt (2021) "Too Big to Sail: How a Legal Revolution Clogged Our Ports," *BIG*, Nov. 14.

5　グローバリゼーションの「メネシス」——失業と移民問題

「自由のないわが帝国［イギリス植民地——本田］において獲得され行使された専制政治の技術と手法が、本国においてわれわれの自由に立ち向かうのは帝国主義のメネシス（因果応報）とでもいうべきものである」（J・A・ホブソン『帝国主義論』（1902年）[*35]）

アンガス・ディートン

トランプが最初に勝利した2016年大統領選挙の際に、8人のノーベル経済学賞受賞者をふくむ370人の経済学者が、トランプの自由貿易批判と移民たたきを批判する書簡を発表した。ハーバード大学の経済学者で自身もノーベル賞受賞者であり、『大脱出』『絶望死のアメリカ』などの著書で有名なアンガス・ディートンもその一人であった。

ディートンは当時、自由貿易と移民受け入れに賛成しトランプを批判していた。ところが、2024年3月、大統領選を前に発表された短いエッセイで、トランプと同様に自由貿易とグローバリゼーションを批判し出し、以前の立場を覆した。

＊35　J・A・ホブソン『帝国主義論』矢内原忠雄訳、岩波文庫、1951年、下巻、52ページ。

「自由貿易がわが国の労働者に利益をもたらすということに私はきわめて懐疑的であり、また、過去30年間のグローバリゼーションによって世界的な貧困が大幅に減少したという、かつて私たちが主張してきたことについても懐疑的である[*36]」

いま、ディートンは、中国やインドの貧困削減は世界貿易とはほとんど関係がなかったと考えている。また、中国が政策的に貯蓄率を引き下げず、製造業の成長の多くを国内で吸収することをしなかったため、アメリカなど先進国の労働者がダメージを被ったという。

グローバリゼーションにはアメリカ経済に打撃を与えるという副作用があり、それは世界の貧困を削減する対価としても釣り合いがとれないと彼は考えた。

共和党も民主党もグローバリゼーション、つまり市場開放と資本自由化を金科玉条のように世界中に推し進めてきた。しかしそれは開放をせまられた国々の自生的な産業や農業を破壊し、生活の不安を高めるのみならず、アメリカにも逆流し、産業空洞化や輸入依存度の上昇などによるアメリカの労働者の雇用不安や生活不安を強めることになった。

トランプはこのグローバリゼーションの構図を破壊することに政策の主眼を置くことによって、経済の大きな路線転換に踏み切ろうとした。民主党はただそこにとどまったまま動こうとせず、グローバリゼーションがもたらす否定的な側面に気がつかないふりをしてきた。ディートンの批判はこうした民主、共和両党の政策的怠慢に向けられたものともいえる。

選択的保護貿易政策

ディートンの提起している問題には重要な論点がふくまれている。

まず、グローバリゼーションは当初よりその否定的な影響を警戒する批判にさらされてきた。1994年に発効したNAFTA（北米自由貿易協定）について、当時のクリントン大統領は「NAFTAは雇用を生み出す。アメリカ人の雇用、それも給料のいいアメリカの雇用を」と述べたが、当初からの批判どおり、それは実現しなかった。また1999年のシアトルで開催された世界貿易機関（WTO）閣僚会議はグローバリゼーション反対の運動のなかで騒然となったことを記憶されている方も多いであろう。

しかしグローバリゼーションを代替する政策原理がなんであるかは、リベラル派からも保守派からもほとんど提示されてこなかった。したがって状況に事後的に対応する産業政策のツギハギだけが残ったといえる。

自由貿易と保護貿易の関係を簡単に解き明かすことはできないが、政策的にいえば、自由化の負の側面を緩和する政策が同時にとられるべきであったと考えられる。

この問題を考えるうえで、1933年のジョン・メイナード・ケインズのある論文が参考になる。「国内自給」(National Self-Efficiency) というタイトルのこの論考は「The Yale Review」に掲載されたが、ケインズの全集には収録されていない。[*37]

＊36　Deaton, Angus (2024) "Rethinking My Economics, International Monetary Fund", *Finance and Development Magazine*, Mar.

ケインズはここで、国際的な生産性や技術水準の格差が大きい19世紀までは、国際分業の利点は大きかったが、それらの格差が平準化し工業生産にシフトした現在においては、国内自給こそが追求されるべきであるとし、「国内自給」つまり「生産者と消費者を一国の経済、金融組織の枠内に組み込むこと」のメリットは、そのデメリットより大きいと論じている。

彼は、第一次世界大戦後に自由貿易が十分に機能していないとし、次のように述べている。

「第一次大戦後の資本主義は、退廃的な国際主義、個人主義であり、成功でも、知的でも、美的でも、公正でもない。財さえ供給しない。要するにわれわれはそれを嫌い、軽蔑しはじめている。けれども、それをなにに置き換えるのかという問題になると、きわめてこんがらがってくる」

当時、ケインズには、マクロ経済の貯蓄と投資のバランスを政府の需要創出政策によって管理するという彼の構想がすでにあった。しかし一国の国際収支が悪化した場合、収支改善のために国内政策の引き締めがデフレ圧力を生んで、さらにそれが他国を巻き込んで景気が落ち込む可能性があるため、貿易収支を均衡させる自給政策と資本投資の防止が総需要拡大政策と同時に必要と考えたのである。

したがって、いわゆる裁量的財政支出で経済を安定させるというケインズ主義政策と、管理通貨制度、自給政策、資本移動の規制とは一つのセットとして考えられていたといえる。

マサチューセッツ大学アマースト校の経済学者ジム・クロッティは、このケインズの論文に着目し、その前後のケインズの政策的立場の推移から、次のようにケインズの発想を整理している。

「彼はとくに開放経済がもたらす資本逃避を危険なものと考えた」「彼の国内自給の提案は、資本逃避を回避し、国内の経済計画の実施を海外部門の混乱から隔離するためになされたものであった」[*38]

ケインズがブレトンウッズ協定の交渉過程においても、この立場を保持しつづけたとクロッティはみている。ケインズの「国際精算連合」(International Clearing Union) の構想は、ある国の国際収支が悪化した場合、その国は最大限融資を保証されるべきであり、そうでなければ収支均衡のために国内政策を緊縮せざるをえなくなり、それがその国におけるデフレ圧力を生み、経済が落ち込む。すると関係する国々にも収縮作用を及ぼす。したがってケインズの案は、アメリカのＩＭＦの構想よりもより大規模な国際的信用の供与を期待したものであった。

ケインズの構想はアメリカの反対によって実現しなかったが、いまから振り返って、多年にわたるグローバリゼーションのなかで貿易収支を悪化させ、失業と雇用不安を抱え込んだ現在のアメリカからすれば、ケインズに立ち返って、国内自給のための保護主義を再評価するというのは現実的な判断であり、論理的にも必然的といえる。トランプの保護主義はある意味でこのロジックに従っている。

国内生産を強めるというのは、ケインズにおいては自給率を高めること自体を目的にしたものでは

＊37　Keynes, John Maynard (1933) "National Self-Sufficiency", *The Yale Review*, Jun.
＊38　Crotty, James R. (1983) "On Keynes and Capital Flight", *The Journal of Economic Literature*, 21(1), Mar.

なかった。それは貿易不均衡の是正と資本流出を防ぐためのものであるので、今日のアメリカの場合には、競争的優位にある分野——たとえば医療機器、航空宇宙、ハイテクなど——の分野で雇用を増やし、それを発展途上国にも輸出できるようにし、途上国がそれらを購入できるような国際的な金融システムを構想することが可能であろう。たとえば第二次世界大戦後のマーシャル・プランや現在の中国の一帯一路のような仕組みである。ある意味でそれは軍需製品の輸出でアメリカが日々おこなっている自家薬籠中の手法ともいえる。

もちろんトランプがいうような敵対的な保護主義、関税の一方的引き上げなどは論外であるが、国際的な協調の枠内で議論をつうじておこなわれれば実現は可能である。

これまで、経済学はあまりにも自由貿易にこだわり、その神話に慣らされ、それに盲目的に追従してきた。政策担当者たちは、自由貿易の弊害に輸出自主規制や安全保障上の理由による保護などのかたちでプラグマティックに対応してきたにすぎない。これが、いまだに経済学者が自由貿易と保護主義とのあいだで右往左往している根源的な理由である。

移民問題の根源

ディートンは移民については、その見解の変化を次のように書いている。

「確かに私たちは苦境にある人々を支援する義務があるが、他国の人々に対して以上に自国の人々に対してより大きな責務がある。私は以前、アメリカへの移民は良いことであり、移民がもたらす利益は大きく、国内の非熟練労働者にもほとんど悪影響はないという大方の意見に賛成であった。しかしもはやそうではない」[*39]

ディートンは、経済学者の多くは計量経済学の手法で移民の経済効果を積極的に評価するが、それはあくまで短期的な結果に基づいたものにすぎず、過去半世紀にわたる長期的な流れはそれとは異なるという。

長期的にみると、アメリカが移民を受け入れていた時代に不平等は強かったが、1920年代に国境が閉鎖されたのちは大幅に収まり、1965年の「移民法」の施行後、外国生まれの人口が再び増加し、再び20年代以前の強い不平等の水準に戻ったと彼はみている。

確かに民主党の政策には、トランプ政権時のような厳格な国境管理を回避したいという意図がある。しかし、どれほど国境を開放すべきか、それを決める基準はなにかという点での説得力ある説明はない。共和党が数十万人の不法移民の送還を主張すれば、民主党はそれよりも少ない数の穏健な主張を対置する程度にとどまってきた。これでは移民が雇用を脅かすため、国境をとざすべきだといった一般の国民に浸透した見方を払拭することはできない。

だがアメリカが移民の問題を考える際には、アメリカの対外政策と移民流入の歴史的関係をきちんと認識する必要がある。アメリカへの移民の流入には必然性があり、しかもそれはアメリカ自身の他

＊39　前掲＊36：Deaton (2024).

国への介入政策の結果であることがしばしばである。

たとえばホンジュラスは、エルサルバドル、グアテマラとともに「北部三角地帯」といわれ、アメリカへの不法移民が多い国だが、移民のアメリカへの流出はアメリカ自身の政策にほぼ起因するといえる。

アメリカとホンジュラスとの関係は100年以上も前にさかのぼる。1800年代後半以降、アメリカの資本が鉱業の利権を奪い、20世紀にはバナナ栽培や農業に関与するようになった。また1980年代の麻薬取引では、アメリカ政府が、麻薬取引に関与していた政府や反政府勢力を支援していた。このことについては多くの証拠が残されている。アメリカ国務省、ホンジュラスの右派勢力、麻薬密売業者は密接に連携していた。

一般的にラテンアメリカに麻薬取引や移民流出が蔓延しているのは、ラテンアメリカがつねにアメリカの不安定化政策のもとに置かれ、アメリカが気に入らない政権に対しては攻撃的な態度をとるということをつづけてきたためである。アメリカの後ろ盾で、各国政府と麻薬密売組織とが手を組んで地域を支配する結果、住民は安全や仕事を求めてアメリカなど海外に移住せざるをえない状況になっているのだ。

最近でもアメリカは、ホンジュラスについては横暴な手法で干渉をつづけている。2006年にセラヤ政権が成立し、最低賃金を引き上げ、ささやかな土地改革を実施したが、アメリカはホンジュラスがALBA（米州ボリバル同盟）に参加し、キューバやベネズエラに接近することを懸念し、2009年の憲法改正の意向を問う国民投票に関与、クーデターを背後で操作した。

2010年に右派のポルフィリオ・ロボ・ソサ大統領が就任し、圧政が始まったが、アメリカは不正選挙を黙認、同政権を承認して圧政を支えた。アメリカ司法省が何年もたってから、それが不正な選挙であったことを認めた。アメリカは2013年と2017年のホンジュラス大統領選でも、ファン・オルランド・エルナンデスの当選を支持し、その強権政治を背後で支えた。

ジャーナリストのホセ・オリベレスは、「The Intercept」のインタビューでアメリカとホンジュラスの関係を次のように指摘している。

「アメリカがホンジュラスの右派勢力を支援するためにおこなってきたことは、少なくとも二つの明白な方法で直接アメリカに跳ね返ってきている。一つはもちろん、ホンジュラスでの麻薬密売の増加であり、もう一つはホンジュラス経済の完全な崩壊だ。その結果、移民が急増し、ホンジュラスからメキシコを経て南の国境に流れ込み、さらに移民をめぐってアメリカ政治を両極化し先鋭化させた[*40]」

アメリカへの移民流入の原因は、アメリカが超党派で営々と介入主義政策をおこなってきたことの結果にほかならない。したがって、困苦を逃れてアメリカに移民してきた人々を、トランプのようにたんに排斥するだけでは問題は解決しない。

＊40　Zelaya, Manuel, Olivares, José and Grim, Ryan (2024) "Honduras, 15 Years After the Coup: An Interview With Ousted President Manuel Zelaya", *The Intercept*, Jul. 26.

民主党のほうはどうかといえば、確かにカマラ・ハリスは2021年7月に中米を訪れた際、移民の送出をやめるよう中米諸国に促しただけでなく、いわゆる「根本原因戦略」(Root Causes Strategy)と称して、移民流出の原因が中米の貧困にあるという認識を示し、汚職、暴力、人身売買、貧困、さらにはそれらをより悪化させる新型コロナウイルス感染症のパンデミックや異常気象の影響を改善するために、アメリカが国際社会と協力して支援することを約束し、企業の投資を促進することをも約束した。[*41]

しかし問題は、移民の原因が貧困であるだけでなく、さらにその貧困の原因がアメリカ自身にあるということである。貧困な国を助けてやりたいということでは、アメリカ国民は納得しないばかりか、援助の代わりに移民を受け入れないということにもなりかねない。そうではなく、問題がアメリカの多年にわたる介入主義政策の歴史的結果であり、その解決の責任がアメリカにあるということを国民に説明し、教育し、アメリカが可能なかぎり移民を受け入れるにはどうするべきかという議論を巻き起こすことこそ政治的指導者の果たすべき役割である。つまりトランプの移民排除論が受け入れられる背景には、民主党の皮相なリベラリズムの深刻な限界が横たわっている。

＊41 National Security Council (2021) *U.S. Strategy for Addressing the Root Causes of Migration in Central America*, Jul.

6　21世紀のトランスフォーメーション

１９４０年代、資本主義は大きな変容を遂げることによってファシズムの脅威を生き延びた。戦後アメリカは、国内的にはニューディール期から戦後にかけてできあがった完全雇用体制と相対的に高い賃金、社会保障制度を土台に経済成長を遂げ、同時に人種統合を推し進めた。経済的繁栄は、戦後の数十年間にわたって経済格差と人種対立を緩和した。しかし、１９７０年代初頭以降の経済的な長期停滞への移行を機に、そのシステムの機能は衰微しはじめた。他方、軍事的介入主義は莫大な戦費の負担を国民に強いた。

長期停滞が明確となり、所得が爆発的に拡大する時代は過去のものとなった。人々が分断され、その裂け目から得体の知れないポピュリズムや権威主義がわき出し、憎悪が噴出している。このような時代にわれわれはどのような構想が考えられるべきであろうか。

１９４０年代同様、そのカギは経済問題である。第３章、第４章のこれまでの論旨をふまえて簡単に述べれば以下のとおりである。

所得改革

第一に、所得分配の抜本的な改革である。第３章第３節でみたように、アリストテレスの原理に立ち返って、経済の潜在的生産性を人々の消費に直接結びつける、つまり生産されるものの一部を共同で利用する領域をつくり、広げることである。またジョン・スチュアート・ミルが思い描いたように、社会の富を共同で最底辺にまで及ぼすよう工夫することである。具体的には最下層までふくめた国民全体の生活を保障するための新しい福祉社会をつくる。そのためには教育、医療、ケア、交通、通信などベーシックサービスの無償あるいは低価格での供給、および普遍主義的な所得保障制度を確立すべきである。

社会的雇用と賃金

第二に、これまでの経済政策は、金融政策、しかも緩和的なそれに過度に依存してきた。そのために経済のさまざまな部分にリスクが広がってきた(第4章第1節)。経済対策の重点を、金融的あるいは財政的刺激から、雇用と賃金、所得政策に移すべきである。教育、医療、ケアなど公的な領域で高い賃金の雇用をつくり、国民生活の安定と基礎的なニーズのための供給を確保する。そのために財政(歳入と歳出)を抜本的に組み替える。所得政策と雇用政策の組み合わせで築かれた需要に対して、安定的に財とサービスの供給がおこなわれるかどうかに政策的関心を集中すべきである。

選択的保護主義と輸出促進、新しい国際金融システム

第三に、雇用と輸出促進、経常収支の安定のための選択的で国際協調的な保護主義政策の実施である。またそのための国際的なマネーフローの管理をおこなう国際金融制度の構築である。

ここではケインズの1933年の国内自給についての見解に着目すべきである（第4章第5節）。戦後のGATT体制は国際貿易の自由化を促進するためのものであったが、同時に各国政府は自国の利益のために保護主義的な政策を採用する余地をかなりの程度持っていたため、事実上、政府は繁栄を促進するだけでなく、市場の気まぐれから国民を守る政策を追求することができた。しかしWTOなど現在の制度はそうではない。国際金融組織のあるべき姿は、高所得国から低所得国へと資金が移動し、各国の自生的な産業、農業が保護され、技術移転がおこなわれるシステムを信用面で支えることにある。アメリカは競争優位にある航空機、医療機器、エンターテインメントなどを輸出し、その需要に向けて国内の雇用を拡大することができる。国際金融機関はその際の収支均衡を柔軟に図るツールとなるべきである。

国際的な税制改革

第四に、それらのための国内および国際的な課税制度と再分配制度の再構築である。これについては、著者の力量不足で十分には論じえないが、すでにトマ・ピケティが『資本とイデオロギー』（2019年）第17章で包括的な説明を与えている。ピケティの構想は、ヨーロッパの金融政策および税や社会政策を統合し、税制の権利を欧州議会に移す。法人税、高所得に対する課税、大規模資産に対する課税を強化し、さらに炭素税なども加えて、福祉的な社会的国家を再建するというものである。*42

*42　トマ・ピケティ『資本とイデオロギー』山形浩生・森本正史訳、みすず書房、2023年。

またカリフォルニア大学バークリー校のガブリエル・ズックマンも、G7を中心とする先進国間協調によるタックス・ヘイヴンの改革、共通税率の設定、富裕層への累進課税などを提唱している。[*43]

こうしたことと日本とはまったく無関係ではない。アメリカが抱える危機の本質は、日本のそれとほぼ相似形である。アメリカでの問題、たとえば、貧困や経済格差拡大、雇用の劣化、産業の空洞化、在留外国人問題、家父長的家族観の問題などは、ほとんどそのまま日本にもあてはまる。宗教的なイデオロギーが政治に浸透していることにおいてもたぶんにそうであることが、安倍政治の結果から次第にわかってきた。したがって、アメリカを他山の石とすべき点はあまりに多く、その解決策もほとんど同じである。

＊43　ガブリエル・ズックマン『失われた国家の富――タックス・ヘイヴンの経済学』林昌宏訳、NTT出版、2015年。エマニュエル・サエズ、ガブリエル・ズックマン『つくられた格差――不公平税制が生んだ所得の不平等』山田美明訳、光文社、2020年。

コラム 2

テクノロジー官僚制のディストピア
——カート・ヴォネガット『プレイヤー・ピアノ』を読む

これはアメリカの有名なSF作家カート・ヴォネガット（1922―2007年）の1952年の歴史改編小説である。[*1]

ヴォネガットはコーネル大学で生化学を学んだが、ヨーロッパ戦線に従軍し、ドイツのドレスデンで捕虜となりアメリカに帰国した。戦後、シカゴ大学で人類学を専攻し、1947年、ジェネラル・エレクトリック（GE）の広報部に勤務する。本作品は、そのGE勤務時代の体験に着想を得たものである。「プレイヤー・ピアノ」とは、人の手を借りないで自奏する自動ピアノのことであり、作品には小道具として一度出てくるにすぎないが、主題を暗示する。

ニューヨーク「イリアム製造所」

第二次世界大戦後、さらにもう一つ大戦が起こり、物語はその後に生み出された社会を舞台にしている。高度な技術進歩による生産性の急激な上昇、重電から家電まで幅広い製品が開発され共有されている。アメリカは技術力を背景に世界的に絶大な地位を占めている。

＊1　カート・ヴォネガット・ジュニア『プレイヤー・ピアノ』浅倉久志訳、ハヤカワ文庫、2005年。

ニューヨーク州イリアムは、「イリアム製造所」の城下町であり、イロコイ川が真ん中を流れている。その北西部には技術者(エンジニア)、管理者(マネジャー)、医師、弁護士などエリートが暮らし、北東部は工場があり、川を越えた南部には一般市民の居住区(「ホームステッド」)がある。

イリアム製造所の管理者ポール・プロテュース(35歳)は、父がイリアム製造所の所長であり、大学卒業後、会社の上層部に採用されるエリートであるが、南部のことが気になっている。ポールは、友人のフィナティーと密かに「ホームステッド」を訪れる。そこで彼らは、ラッシャーというマサチューセッツ工科大学(MIT)で人類学を専攻したエピスコパル派の司祭から、この社会の不平等と歪みを知らされる。

ポールらが知らされたのは、高度なテクノロジーに人間が支配される巨大な管理社会の支配構造であり、それは次のようなものであった。

第一次産業革命が肉体労働の価値をなくし、第二次産業革命が頭脳労働の価値をなくした。第三次産業革命では「思考機械」が現れ、人間の思考の価値をなくす。機械よりよい仕事ができなければ自立できず、政府に雇用され「道路住宅補修点検部隊」か軍隊に入る以外にない。そうした人たちは、政府からの直接給付で生活する。その財源は、機械にかかる税金と所得税による。彼らはその給付金で生活のために商品を買い、その金をふたたび経済システムのなかに戻す。

工場は私有で、民間企業の指導者からなる委員会が過当競争を制限する。地域間の生産を調整する機関として、「全国産業計画重役会」がある。生産性の発展はめざましいもので、製鉄所の大型モーター1台の馬力は、人間換算で南北戦争時代の奴隷全体を上回る。労働時間は減少し真空管の数が増大する（この作品が書かれた時代、コンピュータは真空管で動いていた）。

しかし生産性の発展や労働時間の短縮は、必ずしも一般の庶民には良い効果を及ぼさなかった。フィナティーは、生産性の増加とともに「麻薬とアルコール中毒、自殺が増える。組織犯罪、離婚、少年非行も真空管の数と正比例して増えている」と、累積する社会問題を並べる。川の南側では精神的な飢餓が広がっているのだ。

現在の階級制は大衆にとって悪夢であり、テクノロジーの進歩のもとで「いい仕事はなくなり、ばかばかしい仕事（silly jobs）だけが残った」。

年に一度のメリアム製造所の一大イベントである従業員総出のお祭り行事「メドウス大会」が開催された。そこである寸劇が披露された。「過激派」とよばれる人物が登場し、それに「若い技術者」が応えるというものである。

過激派「平均的労働者の賃金は、戦前の100ドルから30ドルへと下落した。しかし経営者らは8400ドルから5万7800ドルへと上昇している。労働者はいてもいなくても同じように扱われている」

若い技術者「しかしいまの労働者には、28型テレビ、自動洗濯機、電子レンジ、静電集塵機もある。医療保険・年金制度など、ジュリアス・シーザーでさえもちえなかったものもあるではないか。技術者や管理者は労働者のために働いている。ボスは君たちなのだ」

過激派はすごすごと舞台を立ち去り、観客は大いに盛り上がり歓声をあげる。

叛乱

ポールはいつのまにかこの管理体制に対する反対運動の首謀者に担ぎ上げられる。「幽霊シャツ党」と名乗る団体が組織された。「幽霊シャツ」とはアメリカ先住民が白人支配に対する最後のたたかいで身につけたシャツであり、それを身につけていると弾があたらないという迷信による。同様の抵抗組織が全国に広がり、全米で反乱が計画される。

イリアムでは古い防空壕で数十名の集会が持たれた。ポールはサボタージュ共同謀議の廉で検挙される。全米各地で、機械による支配に対する破壊活動が始まる。

蹶起に際してのポールの声明文が読み上げられた。

「過去三回の戦争のあいだ、テクノロジーがその力の範囲を拡大する権利は、国家の生存という見地からするとき、疑いもなく一つの神権に近かった。アメリカ国民が生命を保つことができたのは、より優れた機械、技術、組織、管理者と技術者のおかげである。……しかし、戦時と同じ方法で、平時によりよい生活をかちとることはできない。平和の問題ははるかに微妙である。機械と能率性と組織は、平時にはその範囲と力と複雑性を増すべきではない。むしろそれらの成長は危険である。……人間を機械の制御者として仕事に戻らせ、機械による人間の制御を縮小させよう。……テクノロジーと組織の変化が生活様式に与える影響を慎重に考慮し、その考慮に基づいて、変化を阻止し、あるいは導入しよう。……人間は、その天性から、自分が役に立っていると感じられるような仕事にたずさわらないかぎり、幸福にはなりえない」[*2]

この作品とジョージ・オーウェル『1984』との対比

この作品は、テクノロジーに基づく管理社会に対するラディズム（機械破壊運動）型の抵抗という構図のSF小説である。イリアムは、ヴォネガットが勤務していたジェネラル・エレクトリック社のスケネクタディをイメージしていて、メドウス大会というのは、当時、同社が所有していたアソシエーション・アイランドという島で毎年実際におこなわれていたお祭りをモデルにしたものである。訳者解説によれば、この本が刊行されたのちにその島は閉鎖されたとのことである。ヴォネガットは、なぜSFの形式をとったかという質問に対して、「それは避けられないことでした。なにしろジェネラル・エレクトリック社そのものがSFでしたから」と応えている。

ジョージ・オーウェル（1903―1950年）の作品『1984年』（1949年）が描いた管理社会がスターリン型であったのに対して、ヴォネガットのそれは資本主義企業の官僚制と技術の弊害、経済格差を告発している。設定のある部分はヴォネガット自身が体験した実際の当時のGEのシステムに基づいている。両者ともに技術の高度化を物語に織り込み、下からの抵抗の不可能性を描いている。オーウェルによる高められた生産性への批判とは次のようなものであった。

「富の増加は階級社会を破壊させる恐れがあった。……問題は世界における真の富を増加させずに、いかに産業の車輪を回し続けるかということであった。商品は生産せねばならないが、

＊2　ヴォネガット、前掲＊1、523―525ページ。

分配してはならない。さらにこれを達成する唯一の方法とは継続的な戦争状態しかありえなかった。……原理的には、戦争は民衆の要求をぎりぎり充足させたあとに残る余剰のすべてを消費するように計画される」[*3]

ヴォネガットは、生産性の上昇が労働者らの生活を大幅に改善したことも考慮している。「過激派」と「若い技術者」の寸劇がそれであった。ヴォネガットの労働者たちも、生産性をフルに発揮するように用いられず、市場性のない労働に従事するという設定であり、それはニューディールのWPA(雇用促進局)を思い出させる。特別な能力のある労働者のみがイロコイ川の北の製造所の職に抜擢され、他の人々はギリギリの生活を強いられている。

両方の小説とも、システムの真の支配者を明示してはいない。ただ社会の生み出す利益が平等に分配されていない状況が想定されている。当時、高度化した技術とその経済的意味について作家たちにいかに深い思慮と強い警戒感があったかが、この2つの作品からうかがえる。

さらに付け加えれば、アメリカの数学者ノーバート・ウィーナー(1894―1964年)の『人間機械論』(1950年)もこの時代のものであり、自動化と労働の関係を考察している。

「各人が一定の機能と制限にいつまでも従うように人間を組織しようとすれば、人類はそのもてる力の半分も発揮できず、可能性をなげすて、将来起こる事態に十分に対応できない」[*4]

「自動機械は奴隷労働と経済的に同等である。奴隷労働と競争するものは奴隷労働の条件を甘受しなければならない。これが失業状態を生むことは全く明らかであり、それにくらべるなら1930年代の恐慌でさえ愉快な遊びのように見えるであろう」[*5]

これらの記述は、テクノロジーの進歩を人間がコントロールすることに失敗した場合の社会的影響を懸念し、警鐘を鳴らしたものである。

人間本来の必要に応じた規模の生産とそのための労働編成から逸脱した場合、直接労働する人間は疎外され、精神的貧困に喘ぐ。それに対する反発は官僚的に抑圧されるというのが2つの小説に共通する主題である。その根底には、テクノロジーがもたらす社会的恩恵の経済的分配の問題がある。社会的規制がなければ、経済格差が広がり、対立的構造を抑制するために強制力が必要となる。それは全体主義、社会主義、資本主義を問わず権威主義国家が内包する傾向といえる。抑圧が頂点に達した緊張状態を、オーウェルは、オブライエンとウィンストンに語らせている。

オブライエン「ウィンストン、われわれ〔党――本田〕はあらゆるレベルで人生を管理している。君は人間性というようなものがあって、それがわれわれのやり方に反発し、われわれに反

＊3　ジョージ・オーウェル『1984年』新庄哲夫訳、ハヤカワ文庫、1972年、248―249ページ。
＊4　ノーバート・ウィーナー『人間機械論――人間の人間的な利用（第2版）』鎮目恭夫・池原止戈夫訳、みすず書房、2014年、51―52ページ。
＊5　ウィーナー、前掲＊4、170―171ページ。

逆するだろうと思っている。しかしわれわれは人間性まで創造しているのだ。人間というのはどうにでもなるものだ。君はもしかしたら、プロレタリアか奴隷どもが蹶起し、われわれを転覆させるだろうという古い考え方に戻ったのではないか。そんな考えは捨て給え。奴らは動物みたいに無力なのだ。人間性すなわち党だ」

ウィンストン「あなた方が敗北することは、私にはよく分かっているんです。この世にはなにかがある――私にはわからないが、なにか精神的なもの、なにか原理的なもの――あなた方が絶対に打ち勝てないものがあると思います[*6]」

技術、生産性、労働、管理と人間性の対立というこの2つの作品で描かれた状況と今日との差異は程度の問題であるように思えてならない。SF作家たちはその解決を示すことはない。「若い技術者」や「オブライエン」に対する反論のつづきは、われわれ自身で考える必要がある。

＊6　オーウェル、前掲＊3、352―353ページ。

第5章　軍　事――「リベラルな介入主義」

1　アメリカ介入主義の論理

「新たな国際主義は、ビル・クリントンが理解しているかに見え、そして推進した路線だ。アメリカの歴史的な単独行動主義と、アジアにおける軍事力への安易な依存を超克し、東アジア諸国を平等と相互利益の精神で関与させ、巻き込んでいく努力をしない限り、今世紀の世界は、平和に対する長く尾を引く破滅的な結果を経験することであろう」（ブルース・カミングス『アメリカ西漸史』２０１３年）[*1]

なぜリベラル派まで国防予算案を支持するのか

２０２４年12月、過去最大となる８９５０億ドルの国防予算が下院で可決された。賛成４０４（共和党２０７、民主党１９７）票、反対１（民主党）票、棄権26（共和党13、民主党13）票であった。

莫大な軍事費は生活関連支出を圧迫するが、経済政策ではラディカルな主張をする民主党議員でさえ大軍拡予算を支持し、アメリカの対外政策、軍事・外交、武器輸出などについて表立って批判しない場合が多い。投票行動からみて民主党のかなりの部分は対外的には「ネオコン」(新保守派の対外強硬論者)といってよい。バイデンもブリンケンも実態はネオコンである。アメリカの軍産複合体の支配を面と向かって批判するのは、民主党の一部とそれより進歩的な左派勢力のみである。なぜこうしたことが起こるのか。

理由はいくつもある。まず、下院の多数を共和党に奪われているという事情、大銀行と軍需産業からの莫大な政治献金、保守系団体のロビーイング、議員の当落を左右する選挙区での軍人、退役軍人とその家族の票、さらに軍事予算に関連する雇用創出などがあげられる。

しかしこうした経済的、政治的利害だけでは、そのような利害関係を持たない多くの国民までもが、アメリカの外交・軍事政策を正しいと信じている理由を説明できない。アメリカの軍事支出、国防政策を受容する国民意識(イデオロギー)とはなにか。

介入主義外交を正当化する論理

この点を「ニューヨーク・タイムズ」のコラムニスト、トーマス・フリードマンが説明している。フリードマンは、かつて『レクサスとオリーブの木』(1999年)という本で、「ゴールデンアーチ理論」とよばれる主張を展開した。[*2] それは一言でいえば、マクドナルドの進出する国同士は戦争しないというものだ。つまりグローバリゼーションで貿易や資本取引、人的交流が相互に活発になれば、そのこと自体が紛争のコストを増大させ、軍事対立を抑制するというのだ。「ゴールデンアーチ」とはマクドナルドの看板の黄色い大きなMの文字を指す。

ほぼ四半世紀のちの2023年2月5日、彼は「ニューヨーク・タイムズ」のコラムでその議論をさらに拡張し、経済のグローバリゼーションの裏面に、アメリカの軍事力による「リベラルな国際秩序」の形成という過程があると付け加えた。[*3] アメリカの介入主義にはさまざまな問題はあるが、全体としてそれは市場経済と民主主義的な政治体制の形成を促進すると彼はいうのだ。

経済と軍事、平和産業と軍需産業が一体となって「リベラルな国際秩序」を形成、維持する。つまりハンバーガーをつくる「マック」と、F15戦闘機をつくる「マック」（マクダネル・ダグラス。すでに1997年にはボーイングに吸収されているが）という2つの「マック」は表裏一体だというのだ。アメリカの介入主義政策は、じつにこのような戦後のアメリカ中心のグローバリゼーションに対する国民の強い信任に由来すると彼は考える。

フリードマンは、同じ記事で、ネオコンの代表格、ブルッキングス研究所のロバート・ケーガンの意見を参照し、この論理を再確認し、さらにウクライナ戦争へのアメリカの関与に対する国民の支持の背景にもまさにこうした考え方があるという。

＊1　ブルース・カミングス『アメリカ西漸史──《明白なる運命》とその未来』渡辺将人訳、東洋書林、2013年、18ページ。
＊2　トーマス・フリードマン『レクサスとオリーブの木──グローバリゼーションの正体』上・下、東江一紀・服部清美訳、草思社、2000年。
＊3　Friedman, Thomas L. (2023) "Year Two of the Ukraine War Is Going to Get Scary", *The New York Times*, Feb 5.

ケーガンがいうには、第二次世界大戦以来、アメリカ国民はアメリカの他国への介入主義を支持し、自らの利益を自国防衛に限定せず、他国の市場経済に基づいた自由な秩序を守ることをも自己の利益とみなしてきた。逆に共和党は第二次世界大戦中も孤立主義を唱え、ファシズムを野放しにし、ファシズムの矛先が共産主義に向かうようにしてきた。現在も、共和党がウクライナ支援に背を向けているのは、プーチンが反リベラルであり、その彼に親近感を抱いているためであるとケーガンはいう。ケーガンは、ウクライナ戦争が妥協的に停戦しても、一時的な気休めにすぎず、ロシアは社会全体の軍事化をめざしており、アメリカが関与を止めれば、世界は深刻な状況になるという。

この論理からすれば、現在のウクライナ問題で必要なことは即時停戦などではなく、さらなる経済制裁と武器援助ということになる。こうして純粋ネオコン型の政策が導き出される。

フリードマンの介入主張の問題点

アメリカの介入主義は、はたしてフリードマンのいうようなものであろうか。

フリードマンやケーガンの主張の前提には、戦後のアメリカ主導のグローバリゼーションがアメリカにとっても進出先の途上諸国に対しても積極的な成果をもたらしたという評価がある。

しかし所得水準の向上、民主主義、人権などの指標でみて、戦後のアメリカ主導のグローバリゼーションがどの程度優れていたかについては簡単に答えることはできない。東側のシステムが十分に機能しなかったことは疑いないが、戦後アメリカが関わった軍事紛争、介入政策の収支を総合的にみて、「リベラルな国際秩序」の形成に資するものであったかどうかは疑問である。実際に、戦後のイラン、グアテマラ、ホンジュラス、コンゴ、ベトナム、インドシナ半島、チリ、ニカラグア、イラク、シリア、アフガニスタン、イエメンなどへの介入の歴史をみると、その行為のほとんどは失敗に次ぐ失敗、戦争犯罪もしくは国際法違反の連続であり、傷跡はいまだに深刻である。アメリカがこれら諸国に謝罪しその償いをおこなったわけでもない。

アメリカがリベラルで肯定的な影響を世界に及ぼした時期がなかったわけではもちろんない。大まかにいえば、①戦後、冷戦構造が確立する直前、つまりトルーマン政権の初期、②フォード、カーター政権期、③クリントン政権期は、アメリカの積極的な関与政策が功を奏した時期であり、両方のマックがうまくバランスし、ゴールデンアーチ理論がかなりの程度あてはまった時代であったといえるかもしれない。しかしそれ以外の時期の大半は、力の政策に偏ったものだった。それはすなわち、①アイゼンハワーからニクソンの時代、②レーガン、ブッシュ(父)政権期、③ブッシュ(子)政権期以降現在までである。

アメリカがソフトパワーに依存し、国際的な諸課題で中国、ソ連あるいはロシアに柔軟に働きかける「関与政策」に舵(かじ)を切ったのは、アメリカの経済的優位性が確保され、それら相手国が政治的その他の理由――ソビエト体制の崩壊や通貨危機など――でアメリカからみて劣位にある場合か、あるいはまた、1970年代のベトナム戦争やチリ・クーデターへの関与など、アメリカの対外政策に対する国際世論の批判の高まりに直面し、力による政策を修正せざるをえない時期かのいずれかであった。こうしてみると、介入主義を正当化するゴールデンアーチ理論では説明のつかない時期が多くある。

アメリカが他国において市場経済と民主主義の制度を普及するその裏面に、アメリカの軍事力が不即不離なものとしてあるという考え方は、「覇権安定化理論」(プリンストン大学の国際政治学者ロバート・ギルピン、同じくプリンストン大学のロバート・コヘインら)、「ソフトパワーとハードパワー」(ハーバード大学のジョセフ・ナイ)などとも共通しているが、それらはカーターやクリントンの時代の比較的穏やかな国際関係のなかで形成されたものが多い。

たとえばジョセフ・ナイの「ソフトパワー」とは、市場経済、民主主義制度、人権擁護、環境、文化など多種多様な要素をふくむ非軍事的な関与を指す。「ハードパワー」とは軍事的関与である。このソフトパワーとハードパワーのどちらに力点を置くかによって、同じ「リベラルな国際秩序」の実現といっても、その手法はさまざまなイメージで語られる。つまりこれは、左はリベラル派、左派から、右はネオコンまで幅広い音域に対応できる融通無碍(ゆうづうむげ)な楽器とでもいえる。この伸縮自在さが一般に受容されやすい理由であるとともに、真綿で針をくるむがごとく、ハードパワー行使の可能性を政策的選択肢として残す論拠となり、リベラリズムと介入主義とを接合する媒介となる。

「リベラルな世界秩序」の実際——J・ミアシャイマーの「三段階論」

アメリカの国際政治学者ジョン・ミアシャイマーは、アメリカが主導する「リベラルな国際秩序」の限界を深く考察している。*4 彼の戦後国際関係の段階的理解は、以上の問題をうまく整理するカギとなる。

ミアシャイマーは、第二次世界大戦以来、アメリカが主導してきた「リベラルな国際秩序」とよばれるものを、①冷戦期の「拘束的秩序」、②ポスト冷戦期の「リベラルな国際秩序」、さらに③

2000年代のイラク戦争の時期以降の「秩序崩壊」という3つの段階に区分している。この場合の「秩序」とは、グループ内の相互作用を管理するために組織された国際機関や条約、制度のまとまりを意味し、大国によってつくられ運営されるものである。

第二次世界大戦後、世界体制は多極から二極へと変化し、ソビエトとアメリカが2つの極として対峙する時代となった。それぞれが同盟関係の内部でつくり上げたものが「拘束的秩序」(Bounded Order)である。

冷戦期にアメリカが押し広げようとしたこの秩序は、「リベラルな国際秩序」と誤ってよばれるが、冷戦期のそれは、「リベラル」でも「国際的」でもなく、あくまで地域的には西欧に限定された、リベラルというよりももっぱら現実主義的なそれであった。

これに対して、ポスト冷戦期の「リベラルな国際秩序」(Liberal International Order)は、アメリカ一極体制のもとでの文字どおりの「リベラル」な「国際秩序」であった。ジョージ・H・W・ブッシュ大統領は、西側の秩序を世界中に広め、それを開放的な国際秩序へとつくり変えることを決意した。中国とロシアを世界経済に取り込み、ロシアをもふくめ東欧をNATOの傘下に入れようとした。ミアシャイマーによれば、「ブッシュ大統領とその後継者は、冷戦時代に存在した西洋の秩序とは根本的に異なる新たな国際秩序の創出に尽力した。具体的には、限定された現実主義の秩序を国際的なリ

＊4　Mearsheimer, John J. (2019) "Bound to Fail: The Rise and Fall of the Liberal International Order", *International Security 43.*

ベラルな秩序へと変革することに尽力したのである」。

しかしこの「リベラルな国際秩序」は、自ら崩壊の種を宿していたとミアシャイマーはいう。この秩序には3つの致命的な欠点があったと彼は考えている。

第一に、体制転換の対象となる国々の政治に介入して民主主義の制度を植えつけることはきわめて困難な事業であり、多くの場合ナショナリズムの壁に阻まれ失敗する。「リベラルな国際秩序」においては、複雑で歴史的な国内事情よりも国際機関の取り決めが優先される傾向にあるから、対象国の主権や民族的アイデンティティ、ナショナリズムと激しく衝突する。アメリカの干渉を恐れるそれらの国々は、アメリカのリベラリズムを阻止する方法を模索する。アフガニスタンやイラクはその端的な事例である。

「ナショナリズムは地球上で最も強力な政治イデオロギーであるため、両者が衝突する場合にはつねに自由主義がナショナリズムに打ち負かされ、秩序の根幹が損なわれることになる」とミアシャイマーはいう。

「秩序崩壊」の過程

秩序の軌道から外れようとする運動は、国際的な新たな連携によって支えられる。シリアとイランは2003年のアメリカ侵攻後のイラクの反乱軍を支援し、ロシアと中国は経済的にも軍事的にも、また国連安全保障理事会などの国際的な場でも、互いを支援してきた。このような軋轢(あつれき)は周辺諸国を巻き込んで拡大する。

第二に、アメリカ主導のグローバリゼーションは、体制転換の対象国のみならず、アメリカ自身にも重大な経済的コストをもたらす。産業空洞化による雇用の喪失、賃金の低下や停滞、著しい所得格差の拡大など、これらのコストはアメリカ国内経済に深刻な影響を及ぼし、ついには国内からの保護主義圧力を生み、その面からも「国際秩序」を弱体化させる。

戦後のＧＡＴＴ体制は国際貿易を促進するためのものであったが、各国政府は自国の利益のために保護主義的な政策を採用する余地をかなりの程度持っていた。政府は繁栄を促進するだけでなく、事実上、市場の変動から国民を守る政策を追求することができた。ＷＴＯなど現在の制度はそうではない。

第三に、「リベラルな国際秩序」のなかで経済力をつけた周辺諸国が政治的、軍事的地位を高め、アメリカ一極体制を掘り崩し、多極化を促す。グローバリズムは、中国の経済成長に拍車をかけ、ロシアの復活、さらにはグローバル・サウスの台頭の舞台となった。このことがアメリカ一極化を前提とした「リベラルな国際秩序」の土台を侵食する。ユーロ圏、中国の台頭とロシアの復活によって、国際システムは多極化するが、その間も、中国もロシアもそれに応じた程度に民主主義的な体制とはなっていない。

たとえ西側の政策立案者がより賢明な管理者であったとしても、この第二段階の秩序を意味のある形で長続きさせることはできなかっただろう。したがって現在は「リベラルな国際秩序」の崩壊過程といえる。これがミアシャイマーの国際秩序のいわば「三段階論」である。

今後の国際秩序のあり方

「冷戦後の秩序のすべての重要な要素を鋭く頻繁に批判したドナルド・トランプが大統領選挙で当選したことは、２０１６年までにこの秩序がいかに危機に瀕していたかを示す証拠である」とミアシャイマーはいう。

トランプ政権の中国に対する厳しい経済政策は、アメリカ主導の国際秩序と中国主導の秩序とのあいだの長期にわたる激しい対立の始まりだと彼はいう。両者の対立は、冷戦時代にモスクワとワシントンが支配した秩序がそうであったように、全面的な経済的・軍事的競争をともなうものになるであろうと付け加える。

では、アメリカは自らが主導した「リベラルな国際秩序」の落日に際して、どのようなスタンスをとるべきか。ミアシャイマーは簡単に次の点を指摘する。

第一に、アメリカは、体制転換によって地球上に民主主義を強引に広めつづけようとする誘惑を抑えるべきである。アメリカは、中国やロシアと「力の均衡」を図りつつ、諸外国への介入をつづける能力はもはやない。世界をつくり変えたいという誘惑はつねに存在する。しかし、その誘惑に抗うべきである。

第二に、アメリカは新しい国際秩序を成り立たせる経済制度において、その他国への貢献を最大化することをめざすべきである。

アメリカと日本などその同盟国の政治家は、このミアシャイマーの言葉を額装してオフィスの壁に掲げるべきである。

現在の国際関係の趨勢は、ミアシャイマーの段階論に即していえば、アメリカ一極体制の崩壊過程であり、それはポスト冷戦の「リベラルな国際秩序」が行き詰まり、各国のナショナリズム、主権の尊重が求められる時代といえる。

それに対して、フリードマンらの主張は、第二段階目の「リベラルな国際秩序」の時代の発想を引きずり、それをそのままを拡張しようという、きわめて危険な性格を持つものといえる。

アメリカはイラン、アフガニスタンその他中東のみならず、アジア、ラテンアメリカなど多くの国々でナショナリズムの壁を打ち破ることができなかった。無理強いをすればするほど、問題はますます複雑になった。そしてまたそれはアメリカの国内政治、経済をも毀損してきた。現在、アメリカは、さらにイランとのあいだの紛争を抱え込もうとしている。これはアメリカ自身の国際社会における土台をさらに掘り崩し、「リベラルな国際秩序」の崩壊をいっそう推し進めることになるであろう。

2　アメリカ介入主義の現段階

ガザ戦争の原因はイランの「イスラム帝国主義」か?

アメリカ国防省は、2024年10月15日、アメリカによるイスラエルへのミサイル防衛システム（THAAD）の配備に合わせ、その運用のため約100人の米兵を派遣すると発表した。兵器供与のみならず、それを運用する米軍をも派遣するとなると、もはや「代理戦争」ですらない。

これに対して、イランの外相は、最新のミサイルによるイスラエルへの報復を予告し、さらにイランがイスラエルから攻撃を受けた場合、テヘランはアラブの油田を攻撃する可能性があると述べた。これはイスラエルに対してはもちろんのこと、「2020年アブラハム合意」でイスラエルとの国交修復を求めたアラブ穏健派に対する警告でもある。世界は、キューバ危機以来のミサイル戦争の危機に瀕しているのだ。

こうした事態のもとで、アメリカのメディアには、対イラン強硬姿勢がにわかに浮上しつつある。国防省の発表と同日に報じられた「ニューヨーク・タイムズ」のコラムニスト、トーマス・フリードマンの記事は、アメリカの大手メディアがイラン攻撃支持に大きく舵を切ったことを象徴するものといえる。彼は、次のように書いた。[*5]

「イランに対して、レバノン、イラク、シリア、イエメン、ガザにおけるイラン帝国主義に終止符を打つことを要求する。アメリカはその見返りとしてイランの政権を崩壊させず、地域の集団安全保障体制構築のためにあなた方［イラン――本田］に協力する」

「イランの選択肢は、核協議を再開し、イランの代理勢力への大量のロケット弾の供給を停止し、自らの政権を維持するか、さもなくばアメリカがイスラエルにイランの地中深くにある核施設を破壊できる3万ポンドのバンカーバスター爆弾とそれを運搬するためのB－2爆撃機をふくむあらゆる通常兵器の使用を可能にする事態に直面するか、この二者択一である」

まるでアンソニー・ブリンケン国務長官らと同じ戦闘機のコックピットに乗り込んでいるかのような「上から目線」の語り方である。フリードマンは、国務省から直接情報を入手しており、このコラムの内容はアメリカ政府筋の状況認識を反映しているとみてよい。

現在の中東の紛争をエスカレートさせているのは、イランがレバノン、ガザ、シリア、イエメン、イラクに射程距離の長いロケット弾を与えているからだとフリードマンは批判する。イスラエルによるガザ攻撃は、イランによる「イスラム帝国主義」に対する対応にすぎず、紛争の原因はあくまでイランにあるというのだ。

＊5　Friedman, Thomas L. (2024) "It's Time for America to Get Real with Iran and Israel", *The New York Times*, Oct. 15.

フリードマンは、イランに対して、「最高指導者アリ・ハメネイ氏は、アメリカやイスラエルと敵対しつづけることがイランの体制存続に不可欠だと考えているが、それは政権崩壊の危機をもたらす」と警告する。

アメリカはイランに引き下がるよう強く促さねばならないとフリードマンは強気である。イランは政権崩壊の危機にある。ここでアメリカが手綱を緩めればイランは増長する。逆にアメリカが強く主張すればイランは引き下がるだろう。「イスラエルとイランのあいだの相乗的な植民地化プロジェクトに終止符を打つには、創造的で強圧的なアメリカの外交が直ちに必要だ」——これがフリードマンの主張である。

このフリードマンの記事を読者が鵜呑みにすれば、ガザで多くの死傷者が日々出ていることの原因がイスラエルにではなく、イランにあると考えるかもしれない。また、アメリカのイスラエルへの武器輸出も、イランが主導する「イスラム帝国主義」に対抗するうえでやむをえないと感じるであろう。

さらに2日後の10月17日のコラムでは、ハマスの最高指導者ヤヒヤ・シンワル氏が殺害されたことに関連し、フリードマンは次のように述べている。[*6]

「ハマスの指導者ヤヒヤ・シンワルの死は、ガザ戦争を終結させ、イスラエルの人質を返し、ガザの人々に救済をもたらす可能性を生み出す大きな転換点となりうる」「シンワルとハマスはつねに二国家解決策を拒否し、ユダヤ国家の暴力的破壊にコミットしていた。そのためにガザのパレスチナ人は大きな代償を払った」

ここではガザのジェノサイドの責任が、イスラエルではなく、ハマスにあるという。フリードマンは、イスラエルのガザ入植に対して批判的に言及してはいる。しかし現在の惨事の責任の所在はあくまでハマスとその背後にいるイランにあるという。

フリードマンが描く和平へのプロセスは、アラブ国際平和維持軍がガザに駐留するイスラエル軍に段階的に置き換わり、改革されたパレスチナ自治政府が国際的な支援のもとでパレスチナの政治組織ファタハを立て直し、それがハマスに代わってパレスチナを統治するというものである。その後、パレスチナ自治政府は、サウジアラビア、アラブ首長国連邦、その他の湾岸アラブ諸国、ヨーロッパ諸国、さらにアメリカから提供される資金援助によってガザを再建するという。この情報はアメリカ側からみた現段階の和平の展望と理解してよいであろう。しかしどのような時間軸でそれを考えているのかが不明なので、その実効性は即断できない。

世界的戦争に拡大するおそれ

フリードマンの主張は、アメリカのイスラエル支援を、ハマスやイランの行動への正当な対応であるかのように描こうとしている点で無理がある。真相は逆である。現在のガザ紛争は一義的にはイスラエル建国以来のパレスチナ排除の歴史的延長であり、国連の度重なるイスラエル非難決議にもかか

＊6　Friedman, Thomas L. (2024) "How the Biden Team Plans to Build Peace from Sinwar's Death", *The New York Times*, Oct. 17.

わらずイスラエルに対する支持をつづけたアメリカによる加担の結果である。イラクにしても、2015年に締結されたイラン核合意（JCPOA）から一方的に離脱し、対イラン経済制裁を再開しイランを孤立させたのはトランプ政権であった。

中東地域でのイスラエルとイランの紛争はより大きな戦争に発展する危険性がある。ガザの問題は、中東全域の紛争激化を誘発し、さらにはロシアを媒介にしてウクライナ戦争と結びつく可能性があるからである。

ロシアが深く関与してきたシリアのアサド政権が崩壊したことによって、ロシアはなんらかの反応を示す可能性がある。[*7] また、ロシアは、イスラエルに対してはウクライナへの防空システム移転に懸念を示している。ロシアはまたウクライナ攻撃のためにイランから無人機や弾道ミサイルを購入し、イランもロシアの高度な防衛システムの顧客である。さらに北朝鮮はウクライナ戦争に兵員を派遣している。

こうした緊張の連鎖のもとで、アメリカとイスラエルが強硬な姿勢をとりつづけた場合、紛争の拡大を招くおそれがある。ロシアのプーチン大統領は、イスラエルが一線を越えた場合、戦術核兵器を使用する権利を行使するとも述べているのであるから、その破壊的規模は予測不可能である。

アメリカ上院共和党院内総務ミッチ・マコーネルは中国、ロシア、北朝鮮、イランの4か国を新しい「悪の枢軸」とよんだ。「悪の枢軸」とは、周知のとおりジョージ・W・ブッシュが2002年一般教書演説で、イラン、イラク、北朝鮮の3か国を名指しして使った言葉である。いまこの「新しい悪の枢軸」がアメリカ、イスラエル、NATOと対立するという、第一次世界大戦前夜を彷彿とさせる状況が生まれている。

カナダのビジネスマンであり世界的な慈善家として知られるフランク・ギストラ氏は、次のように現状を憂慮している。「双方はいつまでこのロシアン・ルーレットをつづけるつもりなのか？　中東とウクライナの紛争は、アメリカとNATOがロシアとその同盟国との直接対決、つまり新たな世界戦争に陥る危険性を高めている」[*8]。こうした警告に耳を傾けるべきである。

同盟諸国の離反――オーストラリアからの批判

前節でみたミアシャイマーの「リベラルな国際秩序」の解体過程で、彼が指摘し忘れていることがらに、アメリカの介入主義がアメリカの同盟国の世論の離反をも招くという問題がある。

その一つの例が、台湾問題でのオーストラリアの対応である。

ウクライナから台湾海峡へと焦点が移動したらどうなるか。アメリカは中国との関係では、経済的にも政治的にも単独で状況を変える力はすでにない。しかし、アフガニスタン、イラク戦争、ウクライナ戦争を反省し、その攻撃性を後退させる気配もない。むしろネオコン勢力は米中の亀裂の深まりを望んでいるようにみえる。

＊7　2024年12月初旬、アメリカが背後にあるシリア反政府ゲリラは、イエメンのヒズボラがイスラエルの攻撃によって弱体化したとみるや、シリア政府に対する攻撃をしかけた。

＊8　Giustra, Frank (2024) "How the Israeli Attack on Iran Could Seed a New World War", *The Intercept*, Oct. 26.

2023年6月の「アジア安全保障会議」(シャングリラ会合)でのアメリカのオースティン国防長官の講演、7月のブリンケン国務長官、イエレン財務長官の訪中でアメリカはしきりに中国に対話をよびかけた。しかし同時に、NATOのアジアへの拡大も推し進め、対中包囲網を緩める気配はないのであるから、アメリカの対応は支離滅裂である。

アメリカは、自らの力を補完し、対中圧力を強めるために、日本の軍事力を組み込もうとするであろう。すでに日本の政府はアメリカに付き従い、台湾をめぐる米中の争いにのめり込もうとしている。日本のメディアも「台湾有事」を前提に報道し、軍事費増額も当然といわんばかりである。

同じ事情はオーストラリアにもみられるが、対応が異なる。

オーストラリアは、冷戦期をつうじてニュージーランドとともにANZUS条約の枠組みに拘束されてきた。この条約に基づいて両国は、ベトナム戦争、イラク戦争などにつぎつぎと動員され、激しい戦闘を強いられた。このことから、オーストラリアの人々は「台湾有事」に巻き込まれるおそれを深刻に受け止めている。

オーストラリアのABCニュースが、オーストラリア国防省の中枢を務め、現在大学などで研究をおこなっている退役軍幹部数名にインタビューした記事をオンラインで配信している。日本にとっても示唆的なので、その一部を紹介する。[*9]

「台湾有事」のシナリオ

1998年から2002年まで国防軍司令官を務めた元海軍上級将校クリス・バリー氏は、「戦争は万策尽きたあとに出てくる選択肢であるが、現状はそれには程遠い。にもかかわらず戦争への動きが加速する背景には、メディアの煽動がある」と指摘する。そのうえで、「ANZUSとの連携を維持するメリットと、戦争のコストを比較すれば、全力で戦争を回避すべきことは明らかである」と語る。

国防省戦略情報担当次官を務め、現在、オーストラリア国立大学の名誉教授であるヒュー・ホワイト氏は、台湾海峡での米中の戦争がどのようなものになるかとの問いに、「それは地上戦より海戦を中心としたものになるであろうが、権益の大きさ、軍備の蓄積などから全面的な海戦となることは避けられない」という。

元国防省情報局で、現在ニューサウスウェルズ大学教授、クリントン・フェルナンデス氏も、中台の紛争は中国の台湾への直接的な侵攻ではなく、海上封鎖によっておこなわれるとし、その場合、船舶と航空輸送の8割が途絶すると予想する。そして、「もし海上封鎖が不十分な場合、中国は……米軍に対する攻撃に訴えるかもしれない。そうするとそれは核保有大国間の争いとなる」という。さらに中国にとって最悪のシナリオは、台湾、アメリカ、日本、韓国、その他アメリカの同盟国と同時に対峙しなければならない事態であると付け加えている。

＊9　Lyons, John (2003) "What Would War with China Look Like for Australia? Part 1", *ABC News (Australia)*, Feb. 20.

紛争の規模と損害

アメリカはオーストラリアに対し、空軍、海軍の全面的協力を要請してくると考えられる。オーストラリアが参戦、もしくはアメリカへの基地提供をおこなえば、オーストラリアは中国の直接的な攻撃の対象となりうる。

元国防省国際政策戦略局責任者で、現在オーストラリア研究所の主任研究員であるアラン・ベーム氏は、米中戦争が起これば、その規模は「これまでオーストラリアが参加してきた戦争とはまるでちがう」と指摘する。ホワイト氏も、「最も起こりうる可能性が高いケースは、米中両国とも決定的な勝利を得ることがなく、紛争が長期化すること」で、その戦争は「第二次世界大戦以降未曽有のスケールのものになるであろう」と述べている。

バリー氏は、「イラクやアフガニスタンの戦争では、派遣された兵士とその家族がおもに被害を負った。しかし中国との戦争では、オーストラリア国民が経済、金融、生活などさまざまな面で被害を受ける。核戦争になればその悲惨さは計り知れない」と述べる。

核兵器使用の可能性

ホワイト氏は、軍事技術的にはアメリカが優位であるが、中国には台湾に地理的に近いという利点と、なによりも争点が台湾問題という中国にとって死活的な問題であることなどから、その熱意はアメリカの優位性を相殺(そうさい)する可能性があるという。またベーム氏は、5～10年というスパンでみれば、中国が軍備を近代化し、アメリカに勝る可能性もあると指摘する。

アメリカは核兵器を用いないかぎり、中国に決定的なダメージを与えることはできない。しかし核兵器を使えば、中国はアメリカ本土へ向けた攻撃をおこなうであろう。「したがって問題は、アメリカが台湾のためにアメリカ本土を犠牲にするかどうかということに尽きる」とホワイト氏はいう。

このようにオーストラリアの元軍幹部らは「台湾有事」の問題を具体的な想定をもとに検討し、軍事的対応のエスカレートが関連諸国の存立そのものを脅かすと警告している。

以上をふまえれば、この問題を考える際には、アメリカの軍事力が他国のリベラルな国際秩序形成を土台で支えるという牧歌的な論理が入り込む余地はないといえる。

日本の対応

ひるがえって日本はどうか。2022年末の「安保関連三文書」では、従来の日本の専守防衛の立場と「先制攻撃能力の保有」が無媒介に並べられ、アメリカの戦争への日本の追随が当然視されている。そこにはオーストラリアの人々のあいだでみられるような人的、経済的被害に関するリアルな想像力はまるでない。有事の際の食料確保の問題すら検討されていない。アメリカのハードパワー、軍事的介入主義の歴史的弊害をあらためてみつめ直し、その過ちを繰り返さないようアメリカを諫める（いさ）ことこそ必要である。かつての戦争での反省をもふまえ、外交努力と友好関係の強化しか日本の生きていく道はない。

コラム 3

ヘンリー・キッシンジャーの死

２０２３年11月29日、ヘンリー・キッシンジャー（１００歳）がコネチカット州の自宅で亡くなった。

リチャード・ニクソン、ジェラルド・フォード両大統領のもとで国家安全保障担当補佐官、国務長官を務めアメリカ外交に多大な影響を与えた。その後も長きにわたり歴代大統領の相談役や数多くの企業や政府の諮問委員を務め、歴史や外交に関する膨大な書籍を執筆した。

キッシンジャーが振るった権勢、得た栄誉は他の歴代外交官と比較にならない。米ソ冷戦の時代、アメリカが対中接近に舵を切り、ソビエトとのあいだでいわゆる「デタント時代」（緊張緩和）を切り開いたその功績は大きいとされる。さらに彼は、１９７２年5月の米ソの弾道ミサイル保有数を制限するＳＡＬＴＩの締結に導き、その後の一連の米ソ軍縮条約に道筋をつけた。１９７５年には東西対話を促進する全欧安全保障協力会議の「ヘルシンキ合意」の成立に貢献した。彼の外交はしばしば「現実主義外交」とよばれる。

しかしこうした大国の力の均衡を最優先した彼の外交政策のコインの裏面で、周辺の小国での無数の悲劇が積み重なっていたこともみておく必要がある。彼が講演などで公衆の前に姿を現した際に、しばしば市民から罵声を浴びせられることがあった。コロンビア大学で教鞭をとる話があったが、学生の反対で実現しなかった。死去に際しての有力紙の訃報にも一様に暗い影が付きまとう。「戦争犯罪者」——これが彼に終生まとわりついた汚名であった。

生い立ち——ナチスの迫害を逃れたユダヤ系移民

彼は、1923年5月27日、ドイツのフュルトでハインツ・アルフレッド・キッシンジャーとして生まれた。1935年、ニュルンベルク法（ユダヤ人の市民権を剝奪）ができ、父親は教員の職を奪われた。キッシンジャーは、家族とともにナチスの弾圧から逃れ、1938年にアメリカ、ニューヨークに移住した。ドイツに残った近親者の多くは強制収容所で亡くなった。高校時代からヘンリーを名乗るようになった。シェービングブラシを製造する会社に就職し、夜間学校に通った。1940年にシティ・カレッジに入学。授業料は実質無料だった。1943年にアメリカの市民権を得て、第二次世界大戦中は陸軍の情報部隊に所属した。復員後、ハーバード大学に入学、1950年に首席で卒業後、同大学院に進学し、その後、ハーバード大学の教授となった。

ベトナム——「パリ和平協定」の妨害、戦争の泥沼化

ハーバード大教授から1969年にニクソン政権の安全保障担当大統領補佐官に転じたのが、その後の外交や国際政治の表舞台に立つ契機となった。しかし、その経緯はいわく付きだった。

キッシンジャーは、共和党のニクソンと民主党ジョンソン政権の副大統領だったハンフリーが争った1968年の大統領選挙の前は、ハンフリーの側近だった。にもかかわらず、彼は共和党ニクソン陣営に内通していた。

このころ、民主党のジョンソン政権はパリで密かにベトナム停戦の協議を進めていた（「パリ和平協議」）。停戦を実現し、それを成果として選挙戦を有利に進めようとしたのだ。ところが、その内容を聞きつけたキッシンジャーは、政敵であるはずのニクソンに交渉内容をリークしたのである。

ニクソン陣営は秘密ルートをつうじて南ベトナムに対して、大統領選挙前に民主党の条件で停戦に応じるよりも、ニクソン政権成立後のほうが南にとってよりよい停戦合意ができると提案した。それは米軍が南ベトナムに残留することを意味した。南ベトナムは、ニクソン側の提案を受け入れ、大統領選挙直前に北ベトナムとの交渉妥結に応じない姿勢を示した。

つまりニクソンとキッシンジャーは、ジョンソン政権の停戦工作を妨害し、和平を遅らせてでも、自らの選挙戦を有利に導こうとしたのだ。

大統領選は、思惑どおりニクソンが勝利した。投票結果はニクソンが3178万票、ハンフリーが3127万票と、その差は僅か0・8％だった。ニクソンがキッシンジャーの利用価値を認め、大統領補佐官に取り立てたのはこの一件のおかげだった。

キッシンジャーは国家安全保障会議を土台に、国務省を押さえて、事実上アメリカ外交の全権を握った。[*1] しかし、彼の指揮のもとでのベトナム和平交渉は思惑どおりには進まなかった。

紆余曲折（うよきょくせつ）を経て1973年1月27日にベトナム和平協定が締結され、さらに戦争終結にその後2年を要した。ベトナム和平合意が73年のキッシンジャーのノーベル平和賞の受賞理由となったが、その合意内容が68年にジョンソン政権が提示したものとほぼ同じであったのは皮肉というべきだろう。キッシンジャー外交は、ただただ戦争終結を遅らせただけだった。

キッシンジャーと共同でノーベル平和賞を受賞した北ベトナムの交渉窓口だったレ・ドゥク・トは、合意後もアメリカが支援する南ベトナムは戦争行為をつづけており、平和が成立してからでなければ賞を受け取ることはできないとして、受賞を拒否した。彼は1990年、賞を受け取ることなくこの世を去った。

ベトナム戦争では、キッシンジャーは有名な「フェニックス作戦」を指揮している。これは北ベトナムやベトコンに対する凄惨（せいさん）な拷問、心理作戦プロジェクトであり、捕虜の耳から脳にかけて釘を打ち込む、あるいは尋問に答えない捕虜をヘリコプターで上空から突き落とすなどがおこなわれた。この作戦による犠牲者は3万人を超えるといわれる。その手法はそのまま1973年のチリ・クーデターでの弾圧手法に受け継がれた。ベトナム戦争で、ニクソンとキッシンジャーが68年のジョンソン政権の停戦を邪魔しなければ、戦争はもっと早く収束し、その後数万人の命が失われることはなかったであろう。

カンボジア――シアヌーク政権崩壊からポル・ポト派のジェノサイドまで

カンボジアの政治情勢は、ベトナム戦争の進展と密接に結びついていた。キッシンジャーとア

＊1　ティム・ワイナー『CIA秘録』上、藤田博司他訳、文春文庫、2011年。

メリカは、カンボジアのシアヌーク政権の崩壊と、悪名高きポル・ポト政権のジェノサイドについても責任の一端を負っている。

1969年から70年にかけて、アメリカにとって、ベトナム戦争遂行上障害となったのは、北ベトナムと友好関係にある中立的なカンボジアのシアヌーク政権の存在だった。ニクソン政権発足直後にキッシンジャーは、北ベトナム側がカンボジア国境から兵力や武器を輸送しているとしてカンボジアへの爆撃を命じた。「飛ぶもの、動くものは何でも攻撃せよ」――これが彼の言葉だった。69年3月から70年5月までに3630回もの爆撃がカンボジア各地におこなわれた。この作戦は、民間人への被害が予想されたにもかかわらず、キッシンジャーの判断によって始まった。

のちにキッシンジャーは上院外交委員会で、「爆撃は非居住区域に絞っておこなった」と語ったが、実際には爆撃で多くの住民が犠牲になった。

アメリカの介入はそれだけではなかった。1970年3月、シアヌーク大統領の北京訪問中に、アメリカが支援した軍部のロン・ノル将軍がクーデターを起こした。4月にアメリカはカンボジア内に侵攻し大規模な空爆を実行した。これによってシアヌーク王朝は崩壊し、大量の難民が流出した。

ジャーナリストのセイモア・ハーシュによると、ロン・ノルにクーデターをけしかけたのはアメリカの情報機関だった。アメリカはさらにロン・ノル政権を北ベトナムの攻撃にも利用した。[*2]

ロン・ノル政権は、発足直後、反北ベトナムキャンペーンを開始し、親ベトナムが疑われるカンボジア在住のベトナム系住民を虐殺した。数十万人がベトナムに大量帰還する事態となった。さらにロン・ノルは70年4月、ホーチミン・ルート（北ベトナムが利用した補給路）を粉砕するため、アメリカと南ベトナムに国内への侵攻を認めた。

しかしロン・ノル政権とアメリカの関係は長くはつづかなかった。アメリカが中国との関係改善に乗り出し、カンボジアの国内でも、毛沢東の影響を受けた親中派のポル・ポト率いるクメール・ルージュを支援しはじめたからだ。

アメリカの対中貿易規制の緩和などの試みは1969年から始まっていたが、アメリカが本格的に対中接近政策に向かったのは71年の春だった。

4月10日、中国の卓球大会にアメリカチームが招待され、革命後初めて中国をアメリカ人が公式に訪問したのを機に、両国が接近した。これはいわゆる「ピンポン外交」として知られる。このころから、キッシンジャーは中国を極秘裏に訪れて周恩来首相らと会談するなど秘密交渉を重ね、1972年のニクソン訪中、米中国交回復につなげる。

アメリカはロン・ノル支援をやめ、手のひらを返したようにクメール・ルージュへの支援を始めた。1975年、政権を発足させたクメール・ルージュは原始共産制を志向し、知識人などを排除する極端に強圧的な政策をおこなった。粛清の嵐が巻き起こり、同国の人口の2割、200

＊2　Ackerman, Spencer and Kissinger, Henry (2023) "War Criminal Beloved by America's Ruling Class, Finally Dies", *Rolling Stone*, Nov. 29.

万人が拷問などで殺害された。

東西冷戦のもと、中国と接近することで、中ソを分断しながらソ連に対抗するという「勢力均衡論」のもと、カンボジアはそのご都合主義に翻弄(ほんろう)されたといってもよい。

1979年のベトナムのカンボジア侵攻によってクメール・ルージュは追放された。しかしアメリカはその後成立した親ベトナムのヘン・サムリン政権を承認せず、ポル・ポト派への資金援助を継続した。

パキスタン——対中政策の犠牲となったバングラデシュ

アメリカの対中政策転換は、パキスタンやバングラデシュでの悲劇を生む一因にもなった。

1970年12月、当時パキスタンの飛び地だった東パキスタン(現在のバングラデシュ)で総選挙が実施され、ベンガル人のアワミ連合に支えられたムジブ・ラーマン候補が圧勝し、議会でも同連合が圧倒的多数を占めた。

新政権を誕生させる国会が翌71年3月招集される予定だったが、政権を退くはずの軍事政権の最高司令官ヤヒア・カーンが国会の招集延期を一方的に宣言。3月25日にはパキスタン軍がダッカに侵攻し、ラーマンは拘束され、彼の支持者らに対する虐殺が始まった。

4月6日、東パキスタンのアメリカ領事館職員数十人から連名で、アメリカ国務省に直ちに虐殺を食い止めることを要望する電報が送られた。ソ連はパキスタンのヤヒア・カーン大統領に民主主義を守るよう求め、ラーマン拘束を批判する書簡を送った。

事件は速やかにアメリカ国務省にも伝えられた。しかし、大統領補佐官だったキッシンジャーらは、こうした国務省内外の意見を無視し、ヨルダンを介して10機の戦闘爆撃機をパキスタンに違法に送ることを承認した。

イギリスのジャーナリスト、クリストファー・ヒッチンスは次のような数字を挙げている。

「パキスタン軍部はバングラデシュの人々の抗議活動を抑制するために、強姦、殺人、手足の切断、子どもの殺害などを繰り返しおこなった。この侵攻から3日間で、少なくとも1万人の市民が虐殺された。最終的な死亡者の数はどんなに少なく見積もっても50万人はくだらず、300万人にものぼるといわれる。ほとんどのベンガル人たちがパキスタンの軍事政権による迫害の危機にあったため、数百万、おそらく1000万人にのぼる難民がインド国境に向かって避難を始めた[*3]」

なぜニクソン政権とキッシンジャーがパキスタン政府を支援したのか。それは、当時、パキスタンが、米中の関係修復の仲介ルートであったからにほかならない（もう一つのルートはルーマニアのチャウシェスク大統領だった）。

*3　クリストファー・ヒッチンス『アメリカの陰謀とヘンリー・キッシンジャー』井上泰浩訳、集英社、2002年、73ページ。

ピンポン外交に関連し、北京でおこなわれる試合にアメリカの卓球チームが招待されたのは71年4月だが、当時、中国とパキスタンはインドと敵対し、パキスタンは中国寄りだった。アメリカはパキスタンと結びつくことによって中国への友好の意思を示したかったのだ。

その後、東パキスタンは独立戦争を経て71年12月にバングラデシュになり、74年11月、キッシンジャーは形式的にバングラデシュを訪問した。その後、米国領事館ではラーマン政権転覆のためのクーデター計画がつくられ、75年8月14日、ラーマン大統領は家族とともに軍事クーデターで殺害された。

チリ——アジェンデ政権の転覆画策

ニクソン政権は、1973年9月11日、アウグスト・ピノチェト将軍を中心とする軍事クーデターでチリのアジェンデ政権を崩壊させた。キッシンジャーはそのクーデターの背後にいた。

マルクス主義を自認する社会党員であり医師だったサルバトール・アジェンデは、社会党、共産党、急進党、労働組合などの広範な統一戦線「人民連合」(UP)に支えられて70年に大統領となり、農地改革や主要産業の国有化、非同盟中立などの外交政策を進め労働者に対する最低賃金や失業対策を実施した。

こうした改革はアメリカとチリの財界の利害と対立し、その怒りを招いた。

アジェンデ政権誕生阻止の画策が70年9月の選挙の前後から本格化した。アメリカはキッシンジャーを中心に「40委員会」とよばれる秘密工作のための会議で協議を開始し、10月の大統領選の決選投票を前に、メディアをつうじたアジェンデ攻撃、チリの政治経済の不安定化工作を始めた。

同時に、キッシンジャーとＣＩＡは軍事クーデター計画に乗り出し、チリ軍の一部を組織し、彼らに武器や資金を供与した。22日にはクーデターの障害となると目されていた護憲派の陸軍司令官シュナイダーを銃撃した（その後、25日に死亡）。

この時点でのクーデターは未遂に終わったが、この際のアメリカ側の指示や約束は、その後も明確に取り消されることはなく、チリ軍部の一部に残り、それが73年9月のアウグスト・ピノチェトを首謀者とするクーデターとなった。

アメリカの歴史学者、ウィリアム・ブルムはクーデターの当時の状況を次のように書いている。

「ピノチェトは一週間にわたりチリを鎖国状態においた。外の世界と隔離されたこの国では、街を戦車が走り回り、兵士が家々の扉を破壊し、サッカー・スタジアムでは銃殺の音が鳴り響いていた。死体が路上に積み重なり、あるいは川に浮かんだ。拷問センターが営業を開始して、反体制的な書物は焚書にされた。兵士たちが『チリの女はドレスを着るものだ！』と叫んで女性のズボンを引き裂いた[*4]」

クーデターによって、３０００人以上が殺害、10万人が逮捕、拷問され、１００万人が国外に脱出し、さらに２５００人が行方不明となったといわれる。クーデター後、ピノチェトを議長とする軍事政府評議会による独裁政治が始まった。言論、出版、集会、デモ、ストライキの自由は剝奪された。暴力的な支配が全国へ広がった。

先述のヒッチンスは、70年のクーデター未遂に際してのキッシンジャーの責任を次のように指摘している。

「あらゆる手段を使ってシュナイダー将軍を消そうとしていた。その証拠に、シュナイダー将軍の身の安全を確保することについて、何も指示が出されていない。それどころか、外交用空輸機を使って殺傷兵器を送り、極右派で凶悪な人物を選んで武器を提供している。そして、策略が失敗、もしくは暴かれてしまった場合、自分は無関係でいられるようにしていた。機密文書が裁判によって強制的に公開されることを待たなくても、ここに示した資料だけでも民主国家の将校暗殺の共同正犯としてキッシンジャーは有罪であると断言できる[*5]」

アジェンデ政権が国際共産主義と結びついていた、などというキッシンジャーらの主張はまったくの虚偽であった。ソ連は当時、デタントでアメリカと協調関係を模索して、むしろアジェンデ政権を表立って支持したくないとの思いを持っていた。中国はむしろアジェンデ政権を敵視さえしていた。

そもそも当時の毛沢東思想では議会をつうじた平和裏の革命など存在しない。革命は銃からのみ生まれるというのが彼らの考えだった。実際、中国はクーデターで政権を握ったピノチェトを支持したほどだ。その意味で、チリのクーデターをアメリカは中ソとの関係ではノーガードで推し進めることができた。

チリへの介入の国際的文脈をいいあてているのは、ラテンアメリカ研究者グレッグ・グランディンである。彼は次のように書いている。

「アジェンデ政権の転覆はデタントの本質の現れであった。それは、米国とソ連が当時設計した二極化した世界に対する、ありとあらゆる脅威を取り除くことを追求するものであった。アジェンデの人民連合政府は、ソ連型の市民的自由の抑圧とアメリカによる経済支配の両方を拒否していた。そうすることで、チリが、政治的自由を維持しながら社会主義への平和的な道を歩むことができると信じていたのである。それゆえにチリの挑戦は、もう一つのカストロ型独裁政権へと転じるようなものではなかった。『ヘンリー（キッシンジャー）が、アジェンデをカストロよりもはるかに深刻な脅威としてみていたということを、かつて誰も十分に把握していなかった』と国家完全保障委員会のある職員が述べている。別の側近は、キッシンジャーが、アジェンデ当選の影響が西ヨーロッパ、とりわけイタリアへと波及するのを恐れていたことを思い起こしていた[*6]」

＊4　ウィリアム・ブルム『アメリカ侵略全史——第2次大戦後の米軍・CIAによる軍事介入・政治工作・テロ・暗殺』益岡賢・大矢健訳、作品社、2018年、214ページ。

＊5　ヒッチンス、前掲＊3、102ページ。

このようにチリへの介入は、キッシンジャーには、他のラテンアメリカやヨーロッパの同盟諸国における民主主義・社会主義への動きをアメリカ主導のもとで抑制しようとする戦略の一環であった。

キッシンジャー外交とはなんだったのか

キッシンジャーの現実主義の「負の部分」はほかにもある。東ティモールでは、インドネシア・スハルト政権による独立派への武力抑圧を支援した。キプロスでは、民主的に選出されたマカリオス政権に対するギリシャ軍政による転覆計画を承認、支援した。アルゼンチンでは、ペロン政権に対するビデラ将軍による軍事クーデターとその後の「汚い戦争」(１９７６—１９８３年)を支援した。

キッシンジャーの政治手法を貫いているのは、外交の主軸がつねに超大国間の勢力均衡にあり、周辺の小国の事情はそれに付随、あるいは埋没して扱われるということだ。

しかし小国もそれぞれ微妙で繊細な政治的国内環境と周囲との関係で成り立っている。そうしたことは、この「現実主義」においてはまったく無視されている。超大国には勢力均衡、小国に対しては、その都合に合わせた冷酷な現実主義——。これがキッシンジャー流だった。

つまり、歪んだ「勢力均衡論」と上から目線の「現実主義」の奇妙な組み合わせというこの外交姿勢は、さまざまな意味において、その後のアメリカのアフガニスタンやイラン、シリア、ソマリア、パレスチナ、さらには日本をはじめとするアジア地域などに対する政策のひな型となり、今日でもアメリカの介入主義的政策に色濃く表れている。

歪んだ「勢力均衡論」と「現実主義」

キッシンジャーの研究の出発点は、19世紀のオーストリアの宰相メッテルニヒがつくり上げた世界秩序の分析だった。

メッテルニヒは、ナポレオン戦争で荒廃したヨーロッパを大国の勢力均衡を図りつつ立て直そうとした人だが、そのやり方は旧来の君主制に立脚する列強が、各地で台頭する自由主義と民族主義を抑圧し自己を維持しようとするものだった。ウィーン会議で合意されたヨーロッパの協調関係のあり方は、封建体制の温存を前提に構築された一種の勢力均衡であったため、ウィーン体制は新しく台頭する時代に適応できなかった。

勢力均衡論は19世紀にも有効ではなかったし、20世紀から現在までも戦争を食い止められず、紛争は間欠的に爆発するか、あるいは慢性化した。こうしたことから、国際社会で第二次世界大戦の終結までは集団安全保障という新たな秩序体系が模索され、国際連合の集団安全保障体制ができたのだ。しかし、キッシンジャーの外交の精神はそれを優先しようとするものではなかった。

キッシンジャーの「現実主義」は、強者の立場に最大限の敬意を払い、弱小民族や国家には強

＊6　グレッグ・グランディン『アメリカ帝国のワークショップ——米国のラテンアメリカ・中東政策と新自由主義の真相』松下冽監訳、山根健至・小林操史・水野賢二訳、明石書店、2008年、86—87ページ。

者への追随を求める現状肯定論だったといえる。またそれは、第二次世界大戦後の諸民族の独立と成長、民主主義の志向になじまないものだった。

彼が押しつぶした諸国の政権が、もっと別の、平和で豊かな成長経路をたどることをアメリカが支援していたなら、アメリカはその貢献によって世界で評価され、国際政治の安定を道徳的に主導できていたかもしれない。しかし彼はアメリカをまったく逆の方向に導いたといっていい。

「ニューヨーク・タイムズ」の追悼記事で、デイヴィッド・サンガー記者は次のように記している。

「キッシンジャーの最大の失敗は、小国の民主化闘争に無関心であったことだろう。奇妙なことに、少年時代にナチスの台頭によって祖国を追われた男が、アフリカ、ラテンアメリカ、インドネシアなどの政府による人権侵害には平然としているようにみえた。ニクソンの大統領執務室のテープは、キッシンジャーが、同盟国が自国民をどのように扱うかよりも、反共陣営を維持することを重視していたことを示していた[*7]」

ニュルンベルクの基準では戦争犯罪

キッシンジャーは生前、有罪判決を受けることもなく訴追されもしなかった。第二次世界大戦後のニュルンベルク裁判は、個人は国家が課す義務を超えて、国際人としての義務があるとした。同様の法廷が存在すれば、キッシンジャーはまちがいなく戦争犯罪人となっていたであろう。彼が裁かれなかったのは、国内法と資料開示の不備、国際刑事裁判所規程をアメリカが批准していないこと、さらにアメリカ国内法での各種の免責などによるにすぎない。先ほどのグランディンは、「The Intercept」のインタビューで、キッシンジャーの生み出した死者数が300万人に及ぶと述べている。[*8]ナチスが殺害したユダヤ人の数のほぼ半数と考えれば、その数は衝撃的である。

ちなみにキッシンジャーは、ニクソン大統領の失脚の引き金になったウォーターゲート事件にも間接的に関与している。

第二次世界大戦直後、キッシンジャーは米兵に元ナチス将校の摘発方法を教える仕事をしていた経験があり、共産主義者による破壊工作に対処するためにはドイツ人の電話や手紙を監視する必要があると考えていた。

補佐官就任直後の1969年春、カンボジア空爆作戦に関する情報が「ニューヨーク・タイムズ」にリークされたことに激怒した彼は、FBIのフーバー長官に調査を依頼し、自身のスタッフをふくむ10人以上の側近の電話を盗聴させた。

ホワイトハウスの盗聴プログラムが慣例としてできあがったのはその結果であった。キッシンジャーはウォーターゲート事件には直接関与していないかもしれないが、盗聴は彼が持ち込んだ

＊7　Sanger, David E. (2023) "Henry Kissinger Is Dead at 100; Shaped the Nation's Cold War History", *The New York Times*, Nov. 29.

＊8　Turse, Nick (2023) "Henry Kissinger, Top U.S. Diplomat Responsible for Millions of Deaths, Dies at 100", *The Intercept*, Nov. 29.

文化であり、それがニクソン弾劾事件につながった。

キッシンジャーのドイツでの体験が後年の盗聴プログラムとどの程度結びついていたかは臆測の域を出ないが、少なくとも彼は冷戦初期の緊張感を終生引きずっていたと思われる。しかし、ニクソンは日ごろから反ユダヤ的な発言や、ハーバードのエリートを軽蔑する発言を繰り返していたので、盗聴で摘発されたニクソンに対して、キッシンジャーはさほど申し訳ないとは思わなかったであろう。

エピローグ——シュテファン・ツヴァイクの死から考える

「大衆の多くはつねに瞬間的な力の重心のあるほうにすぐ転がってゆく」(シュテファン・ツヴァイク『昨日の世界』1942年)[*1]

シュテファン・ツヴァイクの最期

『マリー・アントワネット』『ジョセフ・フーシェ』などの伝記作品で有名なユダヤ人作家シュテファン・ツヴァイク(1881―1942年)は、ナチスの拠点であるドイツ南部にほど近い隣国オーストリアのザルツブルクに住んでいたため、「ミュンヘン一揆」以前の早い時期からナチス突撃隊の蛮行を目にしていた。

彼は「ヒトラー」という凶暴な煽動者がそこらじゅうの政治集会を荒らしまわり、共和国政府とユダヤ人への憎悪をけしかけていることを知っていた。また突撃隊の制服がみごとに整っていて、彼らの自動車、オートバイ、トラックも真新しいことから、その背後には経済力のある勢力が隠れている

*1　シュテファン・ツヴァイク『昨日の世界』原田義人訳、みすずライブラリー、1999年、下巻、211ページ。

にちがいないとも見抜いていた。しかし、ツヴァイクも、憲法によって自由と権利と平等が保障されているこの国において、反ユダヤ主義を掲げる暴力的な勢力がよもやあのような強大な権力を手にするとは思っていなかった。

1933年にヒトラーが首相となり、ユダヤ人の国外脱出が始まったときのことを、彼は最晩年の自伝『昨日の世界』で次のように書いている。

「あの幾日かのうちに早くも私は、最初の亡命者たちをみた。彼らは夜間ザルツブルクの山々をよじのぼり、あるいは国境の河を泳ぎ渡った。飢え果て、着物は裂け、心は錯乱して、彼らは私を凝視した。彼らとともに非人間的行為からの恐慌的な脱出が始まり、それは次に全国土に広まった。しかし私はこれらの追われた人々をみたとき、まだ気づかなかった。これらの人々の蒼白な顔はすでに私自身の運命を告げているのだということを、そしてわれわれすべてが、このただ一人の男の権力の猛威の犠牲となるであろうということを[*2]」

当時、ツヴァイクは大作家として押しも押されもせぬ地位を確立していた。1935年には作曲家リヒャルト・シュトラウスのオペラ『もの言わぬ女』の台本を書いた。しかしこのオペラは、ツヴァイクがユダヤ人だとの理由で、2回目の公演ののちに上演禁止となった。

1933年の反ユダヤ立法によって、ドイツでは翌年までに数千人のユダヤ人の大学教員、医師、弁護士らが職を失った。オーストリアでも反ユダヤの動きが強まり、ついに彼は亡命を決意し、イギリスでの長期滞在ののち、その地で事実上の亡命生活を始めた。

ロンドンでは、バーナード・ショウ、H・G・ウェルズ、ジークムント・フロイトらとも親交があった。しかしロンドンでの亡命生活は彼にとっては苦痛であった。「地上のどこかにおいて起こった悪いことのすべてを、同じ時期、同じ瞬間に知り、ともに感じなければならないということは、われわれの世代に初めておきた事態である。私がヨーロッパからいかに離れていようとも、その運命は私とつながりがあった」と彼は書き記している。[*3]

その後、ロンドン空襲が始まり、ツヴァイクは、イギリス西部の都市バースへと移り住んだ。彼は「私はこれまでの生涯でこの頃ほど恐ろしく、世界的事件に対する人間の無力を感じたことはなかった」[*4]と当時の心境を述べている。

1939年9月、バースでのことである。彼は若い秘書ロッテと再婚するため戸籍役場に赴き、手続きをとろうとした。職員がペンをとり彼らの結婚証明書の書類を書き終えようとしたそのとき、ドアから別の職員が飛び込んできた。「ドイツ人がポーランドに侵入した、戦争だ」とその男は叫んだ。第二次世界大戦の開始である。書きかけていた職員は考え込んでペンを置き、「この人たちは結局は外国人だ。戦争となれば敵国人であり、結婚が認められるかどうかはわからない」と考えた。「遺憾だが、ともかくロンドンに指示を仰ぎたい」とその職員はいった。

＊2　ツヴァイク、前掲＊1、下巻、160ページ。
＊3　ツヴァイク、前掲＊1、下巻、205ページ。
＊4　ツヴァイク、前掲＊1、下巻、244ページ。

ツヴァイクは1940年、イギリスをあとにし、アメリカへ渡り、翌年ブラジルのペトロポリスに移り住む。1942年2月、長きにわたる亡命生活の末に、ツヴァイクはロッテとともに、バルビツール製剤の過量摂取によって心中する。遺書にはこうあった。

「60歳になってから、もう一度すっかり新しくやりはじめるのは、特別な力が必要であろう。ところが私の力はといえば、故郷もない放浪生活のあいだに尽き果ててしまっている。それで私は手おくれにならないうちに確固とした姿勢でひとつの生命に終止符を打ったほうがいいと考えるのである」[*5][*6]

「ヨーロッパ教養主義の没落」

ツヴァイクの死について書いたのは、彼の時代と現在との類似性を強調するためではない。トランプがヒトラーだといいたいのでもない。ここで述べたいのは、合理主義的、啓蒙主義的世界が崩壊の危機に直面したとき、多くの人々が歴史の趨勢(すうせい)に対する幻滅にとらわれ、将来への希望を失い、方向感覚の喪失を経験し、ツヴァイクのようなヨーロッパ最良の知性ですらそれを免れることはできなかったということである。

ナチスによるユダヤ人の組織的な殺戮(さつりく)実施の決定がなされたのは、1942年1月のヴァンゼー会議においてであり、各地の収容所が絶滅収容所に変わり、ガス室が操業を開始したのはツヴァイクの死の翌月であった。しかし多くのユダヤ人が収容所に捕らえられていたことをツヴァイクは知っていた。彼が、ナチスを逃れ生き長らえることができた幸運と罪悪感との板挟みとなり、苛(さいな)まれたであろうことは容易に推察される。

長い亡命生活の負担はツヴァイクを押しつぶした。ユダヤ人が死ぬのはガス室においてだけではない。安全な亡命先でさえ、ファシズムの精神的圧迫に耐えかねて彼らは死を選ぶ。

ツヴァイクの死は、ヨーロッパ教養世界の没落を象徴するものとされる。日本のあるツヴァイク研究者は次のように書いている。

「ヨーロッパ文化伝統に根ざすヨーロッパ教養世界の意識は、第一次大戦時にツヴァイクの胸のうちから一旦は失われたかにみえたが、黄金の20年代のなかでその幻は時に現実のものとして感ぜられたのであろう。そうして亡命生活のなかで今度は決定的に崩壊し去った」[*7]

ツヴァイクは、まだザルツブルクにいる時代から、ジークムント・フロイトと親しくし、亡命先のロンドンでもフロイトと会っている。フロイトの理論は、人間の心の奥底にある根源的な破壊衝動が

＊5　ツヴァイク、前掲＊1、下巻、254ページ。
＊6　ツヴァイクの自殺にいたる諸事情については、河原忠彦『シュテファン・ツヴァイク——ヨーロッパ統一幻想を生きた伝記作家』中公新書、1998年、を参照。
＊7　飯塚信雄『ヨーロッパ教養世界の没落——シュテファン・ツヴァイクの思想と生涯』理想社、1967年、153ページ。

文化の優位を拒否するというペシミスティックなものであり、ファシズムの台頭を彼自身は自分の学説の証明ととらえたが、ツヴァイクも同様の悲観的見方を共有していたといえるかもしれない。

１９４０年代初頭までにリベラルな資本主義はファシズムに圧倒され、体制的に行き詰まりを迎えていた。ヨーロッパ近代の合理主義、啓蒙主義の精神は非合理主義と権威主義にその地位をほぼすべて明け渡し、議会や司法はおろか、合理主義のあらゆる要素を無視した全体主義の暴力システムが西ヨーロッパ全土を席巻した感があった。

実際には、その後、アメリカの参戦、ソビエトの軍事的抵抗などいくつもの出来事が重なったことによってファシズムは敗れたが、当時の世界情勢から、その後の連合国勝利にいたる劇的な展開をツヴァイクが思い描くことができなかったとしても不思議ではない。

イギリスの現代史家、イアン・カーショーは、当時の先行き不透明な状況について次のように記している。

「１９４０年夏から１９４２年秋までの2年間にわたる期間、結果がどう転ぶかはわからなかった。ヒトラーと日本の指導部は長期戦になると旗色が悪くなることを承知していた。そしてそのとおりのことが起こった。しかしそれは、ギリギリで決まったことだった。一般に認められているより彼らの勝利は近くにあった。枢軸国の敗北は１９４３年以降になって初めて視野に入ってきた。最初のうちは漠然と、そしてもう少しはっきりと、最後には華々しく」[*8]

カール・ポラニー

われわれは、その後、反ファシズムの勢力がどのようにその時代の問題に対処したかを知っている。連合国は軍事的にナチスと日本を打ち破ったのみならず、1940年代初頭から戦後にかけて、英米をはじめ完全雇用と社会保障の抜本的な拡充をつうじて自己変容を遂げ、その後の数世代を乗り切ったのであった。

その変化を冷静にみていた研究者がいた。ツヴァイクより5つ下、同じオーストリアのウィーン出身のカール・ポラニー(1886—1984年)である。ポラニーもユダヤ人で、彼はアメリカを亡命先として選んだ。幸いなことに彼はピーター・ドラッカーの推薦で大学の職を得ることができ、アメリカで生活した。アメリカはヨーロッパからの亡命知識人でごった返している時代で、反ファシズムの知的風土のなかで彼は研究生活を送ることができた。*9 若い妻との諍(いさか)いと孤独に耐えながら、ヨーロッパの推移を不安な気持ちで見守るしかなかったツヴァイクとはあまりに対照的であった。

ポラニーは、この時代の資本主義の根本的進化について、著書『大転換』(1944年)でみごとな説明を与えている。ポラニーは、ファシズムとの対抗をつうじて、資本主義が大きく変容しつつあることに気がついていた。ポラニーにとって近代とは克服すべきもの、乗り越えるべきものであった。ポ

*8 イアン・カーショー『運命の選択——世界を変えた10の決断』河内隆弥訳、白水社、2014年、下巻、251ページ。

*9 当時のアメリカに渡ったヨーロッパからの知識人移民については、ローラ・フェルミ『亡命の現代史』掛川トミ子・野水瑞穂訳、みすず書房、1972年、が詳しい。

ラニーの思想とは、市場経済の消滅が真の自由の時代の幕開けとなり、万人が余暇と自由を享受するというものであった。[*10] 彼は、アメリカやイギリスの情勢をみながら、大戦をつうじて変貌を遂げつつある資本主義の特徴を鋭くつかんだ。それはのちにいう「ケインズ主義的福祉国家」とよばれるもので、当時としてはラディカルなヴィジョンであった。もしもツヴァイクが数年生きながらえて、ポラニーのような思想にたどりついていればと思わざるをえない。

21世紀も約四半世紀がすぎた現在、アメリカのみならず世界が閉塞状況に喘(あえ)いでいる。グローバリズムという「悪魔の挽き臼」が経済格差の拡大と貧困を世界中に蔓延させ、さらにアメリカ、NATO、さらにはロシアなど大国の介入主義が脆弱な国家をさらに追いつめている。現在は、合理主義、啓蒙的精神が再び危殆(きたい)に瀕している時代だといえる。1940年代の「大転換」を超えるラディカルな転換がいま必要である。ポラニーが当時の閉塞状況を克服する糸口をみいだしたように、現状を打開する可能性はいまもある。

*10　カール・ポラニー『大転換——市場社会の形成と崩壊』吉沢英成他訳、東洋経済新報社、1975年。

初出一覧

プロローグ　書き下ろし

第1章

1　「トランプ氏暗殺未遂で近づく再選、第2期政権の『青写真』と米民主主義の『危機』」「ダイヤモンド・オンライン」２０２４年7月19日

2　「『トランプ支持』の岩盤はなぜ強い？　白人保守層のアメリカ政治の〝理想〟とすれ違う現実」「ダイヤモンド・オンライン」２０２４年10月26日

3　「『もしトラ』不安症の正体は何か、米大統領選を覆う『熱狂と憂鬱』」「ダイヤモンド・オンライン」２０２４年４月７日

4　「２０２２年中間選挙とアメリカの行方」『経済』２０２３年1月

第2章

1　「トランプ政権の推進力、移民排斥、親イスラエルと後押しする『キリスト教ナショナリズム』の正体」「ダイヤモンド・オンライン」２０２５年1月19日

2　「アメリカの教育現場でなにがおきているか？　バージニア州知事選結果とバイデン政権」『にいがたの教育情報』にいがた県民教育研究所、第１３５号、２０２１年12月

3　「きそけんブックレビュー」（基礎経済科学研究所、２０２３年1月23日）での報告をもとに書き下ろし

コラム1　「ディストピア小説が描く米保守政治の末路――マーガレット・アトウッド『侍女の物語』『誓願』、オマル・エル＝アッカド『アメリカン・ウォー』」『緑の風』多摩住民自治研究所、２０２１年4月

第3章

1 書き下ろし
2 書き下ろし
3 「可視化されたベーシックインカムの可能性」『世界』2020年9月号／「ポスト新自由主義の経済政策——ベーシックインカムを超えて」『生活協同組合研究』第745号、2021年8月5日／「ベーシックインカムと資本主義」『神奈川大学評論』第99号、2021年11月30日／「ベーシックインカムと労働・完全雇用」『経済科学通信』第154号、2021年12月15日
4 「100年前の通販カタログが示唆する未来、イノベーションは長期停滞を打開するのか?」「ダイヤモンド・オンライン」2023年6月20日

第4章

1 書き下ろし
2 「日銀は金融緩和維持なのに追加物価対策『カンティロン効果』から見る政策のチグハグ」「ダイヤモンド・オンライン」2023年9月21日
3 「コロナ危機下のインフレーション論争——経済力集中の重要性」大橋陽・中本悟編『現代アメリカ経済論——新しい独占のひろがり』日本評論社、2023年7月
4 「米経済に急ブレーキかけた物流危機、サプライチェーン混乱の『隠れた真実』」「ダイヤモンド・オンライン」2022年4月25日
5 「トランプ圧勝後の〝黄金時代〟の危うさ、『MAGAファシズム』で何が転換するのか」「ダイヤモンド・オンライン」2024年11月12日
6 書き下ろし

コラム2 「きそけんブックレビュー」（基礎経済科学研究所、2023年1月23日）での報告をもとに書き下ろし

第5章

1　「アメリカ介入主義の論理と実際――『台湾有事』への視点」『日本の科学者』第58号第11巻、2023年11月

2　「（誌上討論）戦争と貧困――揺れる世界2025」『経済』第352号、2025年1月号

コラム3　「キッシンジャー米元国務長官の死去、大国現実主義外交の陰で問われる『戦争犯罪』」「ダイヤモンド・オンライン」2023年12月15日

エピローグ　「ファシズムの時代と現代の課題――シュテファン・ツヴァイクの死から考える」『月刊 社会民主』2025年1月号

著者
本田浩邦（ほんだ・ひろくに）
1961年生まれ。獨協大学経済学部教授。専門はアメリカ経済論。1984年立命館大学経済学部卒業。1991年一橋大学大学院経済学研究科博士課程単位取得退学。同年一橋大学経済学部助手。1993年獨協大学経済学部専任講師。1997年同助教授。1997-98年カリフォルニア大学ロサンゼルス校客員研究員。2005年より現職。経済学博士（一橋大学）。
著書に『アメリカの資本蓄積と社会保障』（日本評論社、2016年。第1回アメリカ経済史学会賞〈鈴木圭介賞〉受賞）、『長期停滞の資本主義——新しい経済社会とベーシックインカム』（大月書店、2019年）、『現代アメリカ経済論——新しい独占のひろがり』（共著、日本評論社、2023年）ほか。

装幀　鈴木　衛（東京図鑑）
DTP　編集工房一生社

アメリカ　危機（きき）の省察（せいさつ）

2025年4月20日　第1刷発行

定価はカバーに表示してあります

著　者　本田浩邦
発行者　中川　進

〒113-0033　東京都文京区本郷2-27-16
発行所　株式会社　大月書店
印刷　太平印刷社
製本　中永製本
電話（代表）03-3813-4651　FAX 03-3813-4656　振替00130-7-16387
https://www.otsukishoten.co.jp/

ISBN978-4-272-15049-6　C0033　Printed in Japan